그리스도인의
구멍 난 **거룩**

THE HOLE IN OUR HOLINESS
by Kevin DeYoung

Copyright ⓒ 2012 by Kevin DeYoung
Published by Crossway
a publishig ministry of Good News Publishers
Wheaton, Illinois 60187, U.S.A.

This edition published by arrangement with Crossway through rMaeng2.
All rights reserved.

This Korean Edition Copyright ⓒ 2013 by Word of Life Press, Seoul, Republic of Korea
이 한국어판의 저작권은 알맹2 에이전시를 통하여 Crossway와 독점 계약한 생명의말씀사에 있습니다.
신 저작권법에 의하여 한국 내에서 보호 받는 저작물이므로 무단 전재와 무단 복제를 금합니다.

그 리 스 도 인 의
구멍 난 거룩

ⓒ 생명의말씀사 2013

2013년 7월 1일 1판 1쇄 발행
2020년 11월 3일   5쇄 발행

펴낸이 | 김재권
펴낸곳 | 생명의말씀사

등록 | 1962. 1. 10. No.300-1962-1
주소 | 서울시 종로구 경희궁1길 6 (03176)
전화 | 02)738-6555(본사) · 02)3159-7979(영업)
팩스 | 02)739-3824(본사) · 080-022-8585(영업)

기획편집 | 임선희, 전보아
디자인 | 윤보람
인쇄 | 예원프린팅
제본 | 정문바인텍

ISBN 978-89-04-16427-1 (03230)

저작권자의 허락없이 이 책의 일부 또는 전체를
무단 복제, 전재, 발췌하면 저작권법에 의해 처벌을 받습니다.

그 리 스 도 인 의
구멍 난 거룩

케빈 드영 지음 | 이은이 옮김

생명의말씀사

추천의 글

"이 책은 드영 최고의 작품이며, 놀라울 만큼 성경적이다."

_**존 파이퍼** *John Piper*
미네소타 베들레헴 침례교회 목사

"케빈이 이 주제로 이야기하는 것을 들었을 때, 나는 마음에 깊은 울림을 경험했다. 그의 메시지는 하나님의 백성들을 향한 경종과도 같다. 우리 시대에 절박하게 요구되는, 시기적절하고 예언자적인 경종 말이다. 탁월한 신학자이자 사상가인 케빈은 참된 거룩함에 대한 성경의 복잡하고도 미묘한 문제들을 다룬다. 목회자로서 양들에 대한 진정한 관심과 긍휼의 마음을 보여준다. 그는 이 어두운 세상에서 우리가 거룩하신 하나님을 나타내지 못하게 하는 사고방식과 생활 방식의 본질을 들추어낸다. 또한 그리스도를 사랑하는 종으로서 개인적 거룩함에 내포된 아름다움과 능력에 대한 비전을 제시해준다."

_**낸시 레이 드모스** *Nancy Leigh DeMoss*
저술가, 라디오 프로그램 '*Revive Our Hearts*'의 진행자

"대학 시절, 나는 케빈에게 배우는 것이 좋았다. 거룩함에 관해서라면 더욱 그랬다. 이 책은 경건한 삶을 갈망하는 사람들에게 꼭 필요한 책이다. 우리는 비록 타락한 존재지만, 케빈은 우리를 경건의 가능성으로 이끌어주며 그 영역에서 성장하는 것이 얼마나 중요한지 일깨워준다. 그러니 지금 당장 형광펜을 준비하시라!"

_**커크 커즌스** *Kirk Cousins*
미시간주립대학교 전(前) 스타팅 쿼터백, 워싱턴 레드스킨스 쿼터백

"예전에는 거룩함이 그리스도를 따르는 핵심 요소였다. 하지만 오늘날 많은 이들에게 그리스도인의 삶은 죄에 대한 지나친 관용과 더불어 값싼 은혜와 가짜 자유에 대한 찬양 그 이상도 이하도 아니다. 뛰어난 문장과 충실한 내용까지 겸비한 이 책은, 사람들에게 외면 당하지만 이상하리만큼 자유롭게 하는 진리로 우리를 친절하게 이끌어준다. 율법주의나 끝없는 의무로 치우치는 일 없이 하나님은 거룩하시며, 우리 또한 거룩해지기 바라신다는 진리로 율법과 은혜에 대한 매력적이고도 균형 잡힌 견해를 제시한다. 케빈 드영은 내가 좋아하는 작가다. 이 책을 읽어 보면 그 이유를 알게 될 것이다. 한 장 한 장 넘기면서 나는 '그래, 맞아!'를 연발했다. 그리스도의 제자라면 누구나 반드시 이 책의 메시지를 읽고, 토의하고, 실천해야 한다!"

_랜디 알콘 *Randy Alcorn*
EPM의 설립자이자 총재, 『악의 문제 바로알기』와 『헤븐』의 저자

"은혜는 매우 놀라운 것이다. 우리를 죄책(罪責)으로부터 구속해주는 동시에 죄의 잔인한 압제 하에 우리를 남겨둔다. 케빈 드영은 이 책에서 우리의 칭의와 성화의 근거가 복음임을 상기시켜 준다. 또한 성령의 능력으로 말미암은 그리스도와의 연합의 열매로서 거룩함을 추구하라는 성경의 많은 권면들을 상기시켜 준다. 『구멍 난 거룩』은 그리스도인의 삶에 공존하는 기쁨과 싸움에 대한 지속적인 대화의 중심 주제에 관해 중요한 관점들을 제공해준다."

_마이클 호튼 *Michael Horton*
캘리포니아 웨스트민스터신학교 교수, 『언약적 관점에서 본 개혁주의 조직신학』의 저자

"거룩함에 대한 책이라고 하면 일반적으로 비난이 가득하고 율법주의에 치우쳐 있으며, 시대에 한참 뒤떨어진 책을 예상할지 모른다. 하지만 『구멍 난 거룩』은 그런 종류의 책이 아니다. 케빈 드영은 뒤에서 밀어주시는 성령과 앞에서 이끌어주는 복음에 의지하여 거룩함을 향해 힘써 전진하는 게 어떤 것인지 상세히 설명해주고 있다. 이 책은 '더 열심히 노력하라', '더 잘 믿으라'는 권면을 넘어 독자들의 마음에 거룩해지고자 하는 갈망과 더불어 그것이 가능하다는 참된 소망을 심어준다."

_낸시 거스리 *Nancy Guthrie*
'Seeing Jesus in the Old Testament' 성경공부 시리즈의 저자

"J. C. 라일이 그의 대표 저서인 『거룩』(*Holiness*)을 저술한 것은 '오늘날의 그리스도인들이 실제적인 거룩함과 하나님 앞에서의 전적인 성결에 충분한 주의를 기울이지 않고 있다'는 염려 때문이었다. 이와 동일하게 내 친구 케빈 드영은 앞을 내다볼 줄 아는 염려와 목회적 통찰을 가지고 라일의 책에 버금가는 글을 썼다. 이 책은 새로운 세대의 그리스도인들을 향하여 '내가 거룩하니 너희도 거룩하라'고 말씀하시는 하나님의 명령에 순종할 것을 촉구하고 있다. 이전 시대에 『거룩』이 감당했던 사명을 이제 『구멍 난 거룩』이 감당하기를, 그리하여 전 세계에 흩어져 있는 교회들과 그리스도인들에게 복음 중심의 거룩함이 증진되길 바란다."

_C. J. 매허니 *C. J. Mahaney*
Sovereign Grace Ministries

"이 책의 강점은 '모든 위대한 영적 갱신이 하나님의 선하심과 거룩하심을 아는 지식에 근거한다'는 사실을 정확히 성경적으로 이해하고 있다는 것이다. 우리가 '거룩하라'는 명령을 받은 것은 하나님이 거룩하시기 때문이며, 그리스도 안에서만 그러한 존재로 양육될 수 있다. '모든 사람에게 구원을 주시는 하나님의 은혜가 나타나 우리를 양육하시되 경건하지 않은 것과 이 세상 정욕을 다 버리고 신중함과 의로움과 경건함으로 이 세상에 살고'(딛 2:11-12). 케빈의 글이 널리 읽혀 하나님의 거룩하심과 그리스도 예수의 구속 사역을 깨달아 앎으로 말미암아, '선한 일을 열심히 하는' 백성으로 소문나는 이 땅의 교회가 되길 기도한다."

_**존 M. 퍼킨스** *John M. Perkins*
화해와 개발을 위한 존 퍼킨스 재단의 이사장

목차

추천의 글 · 4

1. 빈틈에 주의하라 · 11
경건은 신개념의 캠핑이다 | 세 개의 증거와 세 가지 질문 | 왜 그렇게 구멍이 많은가? | 그가 (어쩌면) 너를 책망할 것이 있나니

2. 구속하신 이유 · 33
왜 구원하셨을까? | 복음을 통해 얻는 선물 | 꼭 필요한 설명

3. 경건의 유형 · 47
이미 얻었고 계속 성장한다 | 천박한 모방 | 참된 거룩

4. 명령과 처방 · 73
율법이 아직도 유효한가? | 율법의 은혜 | 사랑의 법과 율법 사랑 | 동기를 유발하는 처방

5. 하나님을 기쁘시게 하는 거룩 · 93
복음을 단순화시키는 태도 | 가능성을 상상하라 | 보잘것없는 순종일지라도 | "더러운 옷"인가, 범사에 기쁘시게 하는 것인가? | 도덕 등가법칙의 위험 | 참자녀의 기쁨 | 깨끗한 양심

6. 성령의 동력, 복음의 추진력, 믿음의 연료로 달려가라 · 117
성령으로 말미암는 거룩 | 복음에 근거한 선행 | 약속 믿고 굳게 서기 | 힘써 노력해야 한다

7. 당신 자신이 돼라 · 137
예수 그리스도와의 연합 | 연합과 관련한 오해들 | 함께하고 닮아간다 | 당신 자신이 돼라 | 그리스도 안에서의 정체성

8. 성도와 성적인 죄 · 161
젊은이여, 어서 도망쳐라! | 그리스도의 지체 | 음란한 세상에서의 거룩 | 기미조차 보이지 마라 | 왕답게 행하라 | 목회자로서 덧붙이는 말

9. 거하고 순종하라 · 187
연합과 교제 | 계명을 지키며 사랑 안에 거하기 | 네 가지 실천과제 | 평범하게 얻어지는 특별한 거룩

10. 너의 성숙함을 모든 사람에게 나타내라 · 207
생명에 이르는 길, 회개 | 하나님의 뜻대로 하는 근심과 세상 근심 | 멋진 그리스도인으로 성장하기

THE HOLE IN OUR HOLINESS

1. 빈틈에 주의하라

 나는 사람들이 왜 캠핑을 하는지 잘 모르겠다. 친구나 친척 중에 열렬한 캠핑족이 많음에도, 일주일 야영을 떠나기 위해 1년 내내 힘들게 일하는 사람이 있다는 사실이 이상하다. 친목도모 어쩌고 하는 것은 이해하지만, 왜 그것을 공중화장실을 사용해야 하는 텐트에서 해야 하는가?

 일종의 모험으로 즐기는 것이라면 다소 이해가 된다. 사람들은 등에 배낭 하나 메고 하나님이 만드신 자연으로 하이킹을 떠나기도 하니까. 멋지다. 하지만 차에 노아의 방주만큼이나 물건을 가득 싣고, 모기가 들끓고 부엌과 침실도 불편하기 짝이 없는 캠핑장으로 가는 것은 도무지 이해할 수가 없다.

휴가란 일상생활과 다름없으면서 그보다는 조금 더 힘들어야 된다고 누가 정해 놓기라도 했단 말인가?

우리 교회는 해마다 가족 캠프를 한다. 그때마다 아내가 가고 싶어 해서 우리는 매년 교회에서 정하는 주간에 다른 어느 주(州)에 머문다. 가족 캠프의 매력을 최대한 좋게 표현하자면, 아이들이 부모의 간섭을 받지 않고 하루 종일 지저분한 모습으로 마음껏 뛰어다닐 수 있는 것이다. 그러나 아무리 아이들에게서 벗어나 친구들과 여유로운 시간을 갖는 것이 매력적이라 해도, 캠핑보다 청결하고 덜 꿉꿉한 방법이 분명 있을 것이다(그게 바로 여름성경학교가 존재하는 목적이 아닌가). 또한 덕분에 아이들이 멋진 시간을 보내고, 날씨도 기가 막히게 좋고, 아무도 다치지 않고, 17번째 먹은 핫도그 맛이 맨 처음 먹은 것만큼 맛있다 하더라도, 캠핑의 매력을 인정하기에는 여전히 개운치 않다.

나는 전 세계에 죽기 살기로 캠핑에 매달리는 사람들이 많다는 것을 알고 있다. 그러한 취미를 가진 누군가를 비난하는 게 아니라 다만 내 취향이 아니라는 것뿐이다.

나는 어렸을 때 캠핑을 해본 적이 없다. 우리 가족은 야외활동을 좋아하는 타입은 아니었지만, 그렇다고 딱히 야외활동을 반대한 것도 아니었다. 종종 창문으로 캠핑하는 모습을 보기도 하고, 상점에 가면서 캠핑장을 거치기도 했다. 하지만 단 한 번도 직접 캠핑을 가본 적은 없다. 텐트도, 레저용 자동차도, 스페어타이어도 없었다. 사냥하는 사람도, 낚시하는 사람도 없었다.

그렇다 보니 나는 평생 캠핑에 무지한 채로 살아왔고, 그것이 아무렇지도 않다. 살면서 신경 쓰지 않아도 되는 일 하나로 느껴질 뿐이다. 캠핑이 누군가에게는 멋진 일일지 모르지만, 나로서는 그것에 대해 한 번도 대화하거나 생각하지 않고, 심지어 한 번도 해보지 않은 지금의 상태에 만족한다. 누군가 아이스박스와 조립식 의자를 가지고 가서 실컷 즐기는 모습을 본다 해도 여전히 나에게 캠핑은 필수가 아니며, 그것 없이도 나는 아무 문제가 없다.

경건은 신개념의 캠핑이다

혹시 당신이 개인적인 경건을 대하는 자세가 내가 캠핑을 대하는 자세와 같지는 않은가? 다른 사람들이 하는 것은 괜찮다. 필요 이상으로 경건하여 어렵게 살아가는 사람들을 어느 정도 존경하기도 하지만, 그런 식의 삶은 당신 취향이 아니다. 거룩함에 대한 관심을 가지고 성장하지도 않았다. 경건은 당신이 대화하는 주제도 아니었고, 가족이 기도하거나 교회가 강조하는 대상도 아니었다.

지금까지 그것은 당신이 열정을 갖는 뭔가가 아니었다. 거룩함의 추구란, 이미 힘들 대로 힘든 삶 위에 얹어진 또 하나의 숙제처럼 느껴진다. 물론 더 나은 사람이 되는 것은 멋진 일이고, 당신도 정말로 엄청난 죄들은 피하기를 바란다. 그렇지만 당신은 우리가 은혜로 구원받은 이상 거룩함이 꼭 필요한 것은 아니며, 솔직히 말해서 거룩함 없이도 당신의 삶에는 아무 문제가 없다고 생각한다.

우리의 경건에 있어서 커다란 허점은 우리가 경건에 대해 별로 신경 쓰지 않는다는 점이다. 오늘날 대부분의 교회에서 "복음이 이끄는 거룩함을 추구하라"는 열정적 권면을 들어볼 수 없다.

죄에 대해 이야기하지 않거나 예의 바른 행동을 권면하지 않는다는 말이 아니다. 너무도 많은 설교들이 더 나은 사람이 되는 법에 대한 자기계발 세미나를 벗어나지 못한다는 것이다. 그것은 도덕주의일 뿐 도움이 되지 않는다. 무엇을 해야 하는지만 이야기하고 그리스도께서 무엇을 하셨는지에 대해 선포하지 않는 메시지는 복음이 아니다.

나는 스포츠뉴스를 보고 차를 몰고 다니느라 주일마다 녹초가 되는 것을 이야기하는 게 아니다.

그리스도인들 중 특별히 젊은 세대들, 또 '종교'나 '율법주의'라면 질색인 사람들이 우리가 구속 받은 중요한 목적이자 영생의 필연적 증거 중 하나인 거룩함에 대해 진지하게 받아들이지 않는 사실에 대해 말하는 것이다.

19세기 리버풀의 주교였던 J. C. 라일의 말이 옳았다. "우리는 거룩해야 한다. 왜냐하면 이것이 **그리스도께서 세상에 오신 하나의 위대한 목적이요 이유**이기 때문이다. ……예수님은 완전하신 구주다. 그분은 신자의 죄책(罪責)을 제하실 뿐 아니라 그 이상의 일을 하신다. 바로 죄의 세력을 깨뜨리신다"(벧전 1:2; 롬 8:29; 엡 1:4; 딤후 1:9; 히 12:10).[1]

---

1. J. C. Ryle, *Holiness: Its Nature, Hindrances, Difficulties, and Roots* (Moscow, ID: Charles Nolan, 2011), p. 49(장호준 역, 『거룩: 거룩의 본질 · 장애물 · 난관 · 근원』, 서울: 복있는사람, 2009). 강조는 내가 한 것임.

내가 걱정하는 것은 우리가 '그리스도께서 **무엇으로부터** 우리를 구원해 주셨는지'에 대해서는 올바르게 축하하고 재발견해 가는 데 반해 '그리스도께서 **무엇을 위해** 우리를 구원해 주셨는지'에 대해서는 거의 아무런 생각도, 노력도 하지 않고 있다는 점이다. 복음과 하나님의 영광에 대해 열정이 있다면 경건함도 매우 열정적으로 추구해야 하지 않을까? 우리가 붙드는 열심에 빈틈이 있다는 것과 아무도 거기에 마음을 쓰지 않는 것처럼 보인다는 사실이 염려스럽다.

세 개의 증거와 세 가지 질문

우리의 거룩에 구멍이 나 있다는 것을 나는 어떻게 알게 되었을까? 글쎄, 사실 나도 잘 모르겠다. 전 세계에 있는 교회뿐 아니라 북미의 복음주의 교회나 교회의 상태를 그 누가 판단할 수 있겠는가?

목회 붕괴에 대한 통계나 일반적인 신자들의 세속성에 대한 수치 등을 제공할 수는 있을 것이다. 어쩌면 당신은 이전에 그런 것들을 보고도 전혀 관심을 갖지 않았는지 모른다. 통계 자료에 대해서는 누구나 무슨 말이든 할 수 있다. 유권자의 73퍼센트가 그러한 사실을 알고 있다.

따라서 나는 그리스도인들이 경건 추구를 소홀히 한다는 것이 과학적으로 증명된 사실이라고 주장하지 않는다.

그럼에도 오늘날의 교회에 뭔가가 빠져 있다고 생각하는 사람은 내가 처음이 아니다.

J. I. 패커는 그의 책 『거룩의 재발견』에서 오늘날의 신자들이 거룩을 한물간 것으로 생각한다고 주장한다.[2]

그는 세 가지 증거를 인용한다.

(1) 우리는 설교와 서적에서 거룩함에 대해 듣지 못한다.
(2) 우리는 리더들에게 거룩함을 요구하지 않는다.
(3) 우리는 전도할 때 개인적 거룩함의 필요성을 언급하지 않는다.

이상은 올바른 소견이라 여겨진다. 그러나 만일 패커의 말을 그대로 믿고 싶지 않다면, 성경의 세 본문에 근거한 다음의 질문들을 생각해 보기 바란다.

1. 우리의 순종이 모든 사람에게 소문 났는가?

바울이 쓴 서신들을 보면 교회를 격려하는 내용이 많이 나온다. 보통 "나는 너희에 대한 감사가 가득하다. 너희들은 최고다. 나는 항상 너희를 생각하며, 그럴 때마다 하나님께 찬양을 드린다."라는 말로 시작된다. 그야말로 자부심에 가득 찬 영적 아비의 모습이다. 그렇다고 그가 '내 아들 크리스천은 영재 사도학교(the Apostolic School for the Gifted)의 우등신자'라는 범퍼스티커를 나눠준 것은 아니다. 그럴 필요가 없었다. 다른 사람들이 먼저 그러한 사실을 알아차렸다. 예컨대 바울은

---

2. J. I. Packer, *Rediscovering Holiness: Know the Fullness of Life with God* (Ventura, CA: Regal, 2009), pp. 31-32(장인식 역, 『거룩의 재발견』, 서울: 토기장이, 2011).

"너희의 순종함이 모든 사람에게 들리는지라"(롬 16:19)고 말한다. 물론 소문이 틀릴 수도 있고(계 3:1), 로마교회 교인들에게도 해결해야 하는 나름의 문제들이 있었다.

그럼에도 우리는 이 칭찬의 말을 들으며 이런 질문을 던지지 않을 수 없다. "당신의 교회는 순종을 잘한다고 소문나 있는가?", "다른 그리스도인들이 당신의 삶을 보면 순종을 떠올리는가?", "정말로 당신은 순종의 사람으로 알려지기를 원하는가?" 어쩌면 '창조성'이라든가 '적실성', 혹은 '세상을 변화시키는 사람'과 같은 말이 재미없고 진부한 '순종'보다 더 괜찮게 들릴지 모른다.

이런 면에서 나는 청교도들에게 도전을 받는다. 일반적으로 '청교도'(Puritan)라는 말을 들으면 "누군가 어느 곳에서 멋진 시간을 갖고 있을 거라는 의심을 슬며시 품고"[3] 끊임없이 분위기를 깨는 사람이 떠오른다는 것을 알고 있다. 하지만 진짜 청교도들은 그렇지 않았다. 그들은 하나님이 주신 선한 선물들을 즐기는 동시에 그 최고의 선물 중 하나인 경건을 추구했다. 때문에 어떤 신학자는 '청교도주의'(Puritanism)를 "개혁주의 거룩운동"(Reformed holiness movement)이라고 표현했다.[4] 그들도 우리처럼 죄에서 완전히 자유로운 것은 아니었지만 성경을 믿는 그리스도인으로서 하나님과 경건을 추구하는 데 열정이 있었다.

---

3. H. L. Mencken에 따른 것.
4. Richard Lovelace, "Afterword: The Puritans and Spiritual Renewal," in *The Devoted Life: An Invitation to the Puritan Classics*, ed. Kelly M. Kapic and Ronald C. Gleason (Downers Grove, IL: InterVarsity Press, 2004), p. 301.

청교도적 영성은 영적 은사, 혹은 경험 자체를 추구하거나 불가사의한 무지의 구름(cloud of unknowing, 『무지의 구름』이라는 동명의 책이 있는데, 관상기도에 관한 내용을 다루고 있다–역주) 속에 자신을 내맡기는 일에 중점을 두지 않았다.

청교도적 영성의 초점은 거룩함 안에서 자라가는 것이었다. 그리스도인들이 눈에 보이는 성자가 되어야 했다. 그런 이유로 그들은 신학을 일컬어 "하나님을 위해 사는 삶의 교리"(윌리엄 에임스), 혹은 "영원히 축복받는 삶을 사는 학문"(윌리엄 퍼킨스)이라고 정의했다.[5]

다시 말해, 그들의 열정과 기도는 거룩함을 추구하는 것이었다. 과연 우리 삶과 우리 교회들도 그들처럼 거룩함을 추구하는 데 주력하고 있다고 솔직히 말할 수 있는가?

2. 우리의 천국은 거룩한 곳인가?

요한계시록 21장에서 우리는 새 하늘과 새 땅의 놀라운 장관을 보게 된다.

대부분의 그리스도인들이 이렇게 재창조된 세상에 대해 자연스러운 호기심을 갖는 데 반해, 성경은 구체적인 묘사를 많이 제공하지 않는다. 그럼에도 우리가 알고 있는 지식은 정말로 알아야 할 필요가 있는 것들이다.

---

5. Ibid.

새 예루살렘은 하나님의 임재의 광채가 빛나는 영광스럽고 안전한 곳이다. 그곳에는 더 이상의 고통도, 혼돈도, 닫힌 문들도 존재하지 않는다(더 이상 적들이 존재하지 않으니까). 게다가 우리가 지금 주목하는 가장 중요한 특징은 새 예루살렘이 거룩한 곳이라는 점이다. 신부가 정결하게 되었을 뿐 아니라, 도시(city, 한글 성경은 새 예루살렘을 거룩한 성으로 묘사한다—역주)의 측량된 부피는 천국이 지성소를 재건한 것임을 암시해준다.

내세에 대한 몇몇 대중적인 개념에서는 하나님의 사랑이 무조건적 긍정으로 축소된다. 하지만 하나님의 사랑은 늘 거룩한 사랑이며, 그분의 천국은 온전히 거룩한 곳이다. 또한 천국은 이기는 자들, 곧 예수 그리스도를 저버리고 믿음을 타협하게 하는 유혹을 이기는 자들의 곳이다(계 21:7. 2-3장 참고).

계속해서 요한계시록 21장 8절은 이렇게 말한다. "**그러나** 두려워하는 자들과 믿지 아니하는 자들과 흉악한 자들과 살인자들과 음행하는 자들과 점술가들과 우상 숭배자들과 거짓말하는 모든 자들은 불과 유황으로 타는 못에 던져지리니 이것이 둘째 사망이라." 그러므로 당신이 입으로 무엇을 고백하든, 뉘우침 없이 습관적으로 당신 자신을 죄에게 내주어 그리스도를 소홀히 여긴다면 천국은 당신의 처소가 아니다.

왜 많은 그리스도인들이 동성애 문제에 몸을 사리는지 아는가? 문화적 압력이 중요한 역할을 하는 것은 분명하다. 하지만 우리가 천국의 거룩함을 진정으로 이해하는 데 실패한 것이 또 다른 요인이다.

만일 천국이 제법 괜찮은 사람들을 보편적으로 받아들이는 장소라면, 우리가 지상에서 동성애에 대해 왈가왈부해야 할 이유가 무엇이겠는가?

많은 그리스도인들은 점술가들과 살인자들과 우상 숭배자들과 거짓말을 좋아하고 지어내는 모든 자들이 천국 문 바깥에 버려질 것이라는 사실(계 22:15)에 대해 배워본 적이 없다. 따라서 끝까지 완고하게 음행하는 자들이 어느 쪽에서도 환영받지 못할 것이라는 사실을 말할 용기가 없다. 이것이 바로 요한계시록 21-22장에서 가르치는 바다.

하나님이 지으실 새로운 세상은 한 점의 흠도, 조금의 죄악도 존재하지 않는 곳이기에 우리가 거룩함 없이 어떻게 천국을 만끽할 수 있을지 상상하기 힘들다.

J. C. 라일이 우리에게 상기시켜준 것처럼 천국은 거룩한 곳이다. 천국의 주인은 거룩하신 하나님이요, 천사들은 거룩한 피조물들이다. 천국에 거하는 자들도 거룩한 성도들이다. 즉 거룩함은 천국에 있는 모든 것에 새겨져 있다. 그리고 거룩하지 않은 그 어떤 것도 천국에 들어갈 수 없다(계 21:27; 히 12:14).

설령 당신이 거룩함 없이도 천국에 들어갈 수 있다 한들 무슨 소용이 있겠는가? 그곳에서 무슨 기쁨을 맛보며, 거룩한 하나님의 사람 중 누구와 함께 앉아 교제를 나누겠는가? 그들이 즐거워하는 것은 당신이 즐거워하는 것과 다르고, 그들의 인격은 당신의 인격과 다르다. 그들이 좋아하는 것을 당신은 좋아하지 않는다.

만일 지금 당신이 거룩하신 하나님을 싫어한다면 영원토록 그분과 함께 있고 싶어 할 이유가 무엇인가? 또한 이 땅에서 드리는 예배가 당신의 관심을 사로잡지 못하지만 언젠가 하늘에서 드리게 될 예배가 당신을 감격시킬 것이라고 생각할 이유가 무엇인가? 지상에서의 경건하지 못한 것들이 당신에게 쾌락을 준다면 모든 것이 정결하고 순전한 천국에서 과연 무엇이 당신을 기쁘게 하겠는가?

그러므로 여기서 당신이 거룩하지 않다면 그곳에서 행복을 누릴 수 없을 것이다.[6] 스펄전의 표현을 빌리자면 "악인이 낙원에 사느니 물고기가 나무 위에서 사는 것이 더 낫다."[7]

3. 우리는 지상명령을 따르는 그리스도인들인가?

짧은 퀴즈 하나를 내보겠다. 마태복음 28장 마지막에 예수님이 주신 지상명령을 요약해보라. 그 내용이 무엇인지 모르면 찾아봐도 좋다. 구절을 그대로 인용하지 말고 당신 자신의 언어로 표현하라. 지상명령에서 예수님이 우리에게 명하신 것은 무엇인가?

당신은 "예수님은 우리를 세상에 보내어 전도하게 하시다.", "예수님은 우리가 열방에 복음을 전하기 원하신다."라고 답했을지 모른다. 혹은 제자 삼는 것에 대해 말할 수도 있다. 이 모두가 틀린 대답은 아니다.

---

6. 이 문단은 J. C. 라일의 *Holiness* 53쪽을 요약한 것이다.
7. 이 인용문은 *The Treasury of David*에 나오는 시편 1편 5절에 대한 스펄전의 주석에서 따온 것으로, http://www.spurgeon.org/treasury/ps001.htm을 포함하여 인터넷 상에서 쉽게 찾아볼 수 있다.

그렇다면 예수님의 정확한 지침이 기억나는가?

"그러므로 너희는 가서 모든 민족을 제자로 삼아 아버지와 아들과 성령의 이름으로 세례를 베풀고 **내가 너희에게 분부한 모든 것을 가르쳐 지키게 하라**"(마 28:19-20).

'지키다'(observe)라는 단어는 '주목하다'(take notice of)의 의미 이상이다. 그것은 '순종한다'(obey)는 의미다. 이 말씀은 마치 흥미로운 렘브란트의 미술 작품을 보듯 열방을 향한 예수님의 명령을 주목하라고 요구하는 것이 아니다. 모든 민족이 예수님의 명령을 따르도록 가르치라는 것이다. 즉 지상명령은 거룩함에 관한 것이다.

하나님은 세상이 예수님을 알고, 예수님을 믿고, 또한 예수님께 순종하기를 원하신다. 그러므로 우리가 만일 순종적인 사람으로 성장하도록 서로를 돕지 않는다면 지상명령을 진지하게 받아들이지 않는 것이다.

그렇다면 일반적으로 선교 사역을 생각할 때 거룩함을 떠올리는 사람이 우리 중에 얼마나 될까? 그리스도의 제자 삼는 일에 집중하기보다 그리스도를 영접하도록 사람들을 이끄는 것에만 만족하기가 얼마나 쉬운가. 물론 이 말은 단순히 우리가 예수님처럼 사는 선한 사람들을 만들려고 애쓴다는 의미가 아니다. 명령하신 분이 "하늘과 땅의 모든 권세"(마 28:18)를 소유하시지 않았다면 지상명령은 아무 의미도 갖지 못할 것이고, 어떤 것도 성취해내지 못할 것이다.

우리가 그분의 길로 행하는 것은 오로지 그분을 신뢰하고, 그분이 행하신 대속의 희생으로 말미암아 용서를 받을 때 가능하다. 나쁜 나무에서 좋은 열매가 자랄 수 없는 것처럼 예수님의 요구 사항들은 그분의 인격과 사역으로부터 분리될 수 없다. 예수님이 요구하시는 거룩함은 전적으로 그분이 이루신 구속 사역의 열매로 얻어지는 것이며, 그분 자신의 영광을 위한 것이다.[8] 그러나 이 모든 불가피한 구분에도 불구하고, 많은 교회들이 간과해온 한 가지 사실을 놓쳐서는 안 된다. 그것은 바로 예수님이 그분의 제자들에게 순종을 기대하신다는 사실이다. 즉 지상명령의 핵심은 그리스도가 주신 명령들을 전파하는 것이다.

왜 그렇게 구멍이 많은가?

우리의 경건에 뚫린 이러한 구멍은 어디서부터 비롯되었을까? 만약 세상에서 하나님의 사명이 거룩하지 않은 자들을 구원하시고 구원하신 자들을 거룩하게 하시는 일이라면, 하나님이 오직 믿음을 통해서만 경건치 못한 자들을 의롭다 하시고 그런 다음 믿는 자들을 경건하게 하실 것을 약속하신다면, 이스라엘의 거룩하신 이가 자신을 위해 거룩한 백성을 세우실 목적으로 친히 일하고 계시다면, 오늘날 '거룩운동'(holiness movement)이라는 이름으로 알려진 어떤 교파나 목회 조직,

---

8. 이 마지막 두 문장은 *What Jesus Demands from the World*(Wheaton, IL: Crossway, 2006), p. 23(전의우 역, 『예수님의 지상명령』, 서울: 생명의말씀사, 2007)에서 존 파이퍼가 한 말을 바꾸어 표현한 것이다.

혹은 친구들 모임에 우리 중 아무도 참여할 기미가 보이지 않는 이유는 무엇인가?

우리가 기억해야 할 것은 청교도들 스스로가 청교도라는 명칭을 만들어낸 게 아니라, 그들을 반대하는 자들로부터 비롯되었다는 점이다. 반대자들이 볼 때 청교도들이 말 그대로 순결하게 되는 일에 지나치게 열심을 냈기 때문이다.

오늘날 거룩함의 추구는 청교도들과 달리 우리 마음속에서 중요한 자리를 차지하지 못한다. 더욱 치명적인 문제는 경건에 대한 관심이 성경의 각 장마다 분명하게 드러나 있는 것에 비해 우리 자신의 삶에는 그렇지 않다는 사실이다. 그 이유가 무엇인가? 그러한 허점들이 어디에서 온 것인가?

과거에는 경건을 음주, 흡연, 춤 등과 같은 몇몇 금기사항을 삼가는 것과 동일시하는 경우가 빈번했다. 즉 해서는 안 되는 일들을 피하는 것이었다.

그러나 젊은 세대들은 이런 종류의 규율에 대해 참을성이 별로 없다. 어떤 경우에는 그 규율에 동의하지 않는다. 반면 지키기 수월해 보이는 규율들도 있다. 내가 자랄 때는 술과 담배, 성관계만 피하면 거룩한 것이라 생각했다.

설령 약물을 해보고 싶었다 해도 구하는 법을 몰라서 못했을 것이다. 맥주는 냄새가 고약해서 싫어했고, 나랑 가까워지고 싶어서 안달난 듯 줄 서서 기다리는 여자애들도 없었다.

거룩해지려고 애쓰는 것이 한물간 시대의 유물처럼 이상하게 보일지 모른다는 두려움은 이 첫 번째 이유와 관련이 있다. 당신이 욕하는 것이나 특정 영화들을 보지 않는 것, 정숙함, 성적 순결, 절제, 아니면 그저 경건에 대한 염려를 사람들과 나누는 순간, 그들은 마치 당신의 얼굴에 1950년대 도덕주의자라는 낙인이 찍히기라도 한 것처럼 당신을 바라보기 시작한다. 신자들은 친구들이 자기를 고상한 체하고, 편협하고, 시대에 뒤떨어지고, 혼자만 거룩한 척하는 율법주의자, 아니 최악의 경우 근본주의자라고 부를까봐 전전긍긍한다.

경건에 구멍이 뚫린 또 다른 이유는 교회 안에 거듭나지 않은 사람이 많기 때문이다. 진짜 그리스도인들이 이 책을 읽고 구원의 확신에 회의를 품는 것은 내가 원하는 바가 아니지만, 정말로 기대하고 소망하기는 스스로 신자라고 고백하는 일부 교인들이 지금까지 자신이 진심으로 그리스도를 신뢰하지 않았음을 깨닫게 되는 것이다. 하나님의 거룩한 백성으로서 거룩함을 추구하지 않는 이유 중 하나는 그들이 아직 성령으로 거듭나지 않았기 때문이다.

일부 여론 조사 기관과 권위자들은 교회 안의 세속성에 주목하면서 '거듭남'이 삶의 방식에 전혀 변화를 가져오지 못한다는 결론을 내렸다. 그러나 우리는 정반대의 결론에 도달해야만 한다. 즉 교회 다니는 많은 사람이 진정으로 거듭난 것이 아니라는 결론 말이다. [9]

---

9. John Piper, *Finally Alive*, Fearn, Ross-shire, UK: Christian Focus, 2009(전의우 역, 『존 파이퍼의 거듭남』, 서울: 두란노서원, 2009) 참고.

A. W. 토저가 말했듯이 "입으로 고백하는 사람에게 아무런 변화를 일으키지 않는다면 하나님께도 아무 영향을 미치지 못한다는 사실을 상식적으로 알 수 있다. 무수한 사람들에게 불신앙에서 신앙으로의 변화가 삶에 실제적인 변화를 일으키지 않는다는 것은 쉽게 관찰되는 사실이다."[10]

'쿨'(cool)한 것을 강조하는 문화 또한 부분적으로 책임이 있다. 쿨하다는 것은 '다른 사람과 차별화된다'는 것을 의미한다. 그리고 그것은 종종 언어 사용이나 오락, 음주, 패션 등에서 경계선을 넘는 것을 의미하기도 한다. 물론 거룩함은 이런 차원을 훨씬 뛰어넘지만 유행에 정통하고 멋있는 사람이 되는 데 급급한 많은 그리스도인이 거룩함을 이런 것들과 전혀 상관없는 것으로 생각하게 되었다. 그리스도인으로서의 자유를 기꺼이 받아들이면서 그리스도인이기 때문에 추구해야 하는 미덕은 간과해버린 것이다.

보다 개방적인 그리스도인들 사이에서는 경건을 추구하는 것 때문에 오히려 의심의 눈초리를 받기도 한다. 어떤 행동에 '경건하지 못하다'는 딱지를 붙이는 것은 비판적이고 편협해 보이기 때문이다. 우리가 "티나 주름 잡힌 것"(엡 5:27 참고)이 없기를 원한다면 어떤 태도와 행동, 습관이 정결한 것인지, 또 어떤 것이 정결하지 않은지 분간해야 한다. 그러지 않으면 다원주의의 올무에 걸려 문제를 일으킨다.

---

10. A. W. Tozer, *The Best of A. W. Tozer*, Volume 1 (Grand Rapids, MI: Baker, 1978), p. 168.

보수적인 그리스도인들 사이에서는 정말로 복음중심적이라면 규율이나 책무, 도덕적 노력에 대해 언급하지 않아야 한다는 잘못된 생각이 존재하기도 한다. 우리는 하나님이 행하신 일과 우리가 마땅히 해야 할 일을 혼동하지 않으려고 애쓰는 나머지, 성경의 명령들이 죄의 자각으로 이어지는 것을 경계한다. 또한 근면, 노력, 의무 같은 단어들을 두려워한다. 목회자들은 설교를 통해 복음을 전하는 동시에 영육의 온갖 더러운 것에서 자신을 깨끗하게 하도록 강력하게 권면하는 법을 알지 못한다(고후 7:1).

우리는 율법주의(율법 준수를 통한 구원)와 율법폐지론(율법 준수가 필요 없는 구원)이 둘 다 잘못되었다는 것을 알고 있다. 그러면서도 그중 율법폐지론이 조금 덜 위험하다고 생각한다.

거룩함에는 분명 힘든 노력이 따라야 하는데 우리는 게으르기 짝이 없다. 또한 죄짓는 것을 좋아하기 때문에 죄에 대해 죽는 것이 고통스럽기만 하다. 우리에게 거룩하게 자라가는 것만큼 어려운 일은 별로 없다. 그래서 우리는 노력하다 실패하고, 또다시 노력하다 실패하면서 결국 포기해버린다. 누군가의 잔혹 행위를 고발하는 탄원서에 서명하는 것이 이웃을 내 몸과 같이 사랑하는 것보다 쉽다. 세상을 바꾸겠다는 의욕으로 대학을 졸업하는 것과 굳은 의지를 가지고 하나님이 당신을 변화시켜 주시기를 기도하는 것은 별개의 문제다.

많은 그리스도인이 성화를 아예 포기해버렸다. 나는 성도들로부터 인간이 거룩해지는 것이 과연 가능한 일인지 의심스럽다는 이야기를 심심치 않게 들어 왔다. 단지 성화의 과정이 힘들어서가 아니라, 우리 스스로 하나님을 힘든 분으로 생각하기 때문이다. 최선을 다한 행동조차 더러운 누더기에 불과하다면(사 64:6) 귀찮게 애쓸 필요가 없다는 것이다.

우리는 전부 구제불능의 죄인들이다. 하나님을 기쁘시게 하기 위해 할 수 있는 일은 아무것도 없다. 진정으로 겸손하고, 순전하고, 순종적인 사람은 아무도 없다. 때문에 경건을 추구하다보면 반드시 죄책감을 느끼게 된다. 그리고 우리가 할 수 있는 일은 오직 그리스도를 붙드는 것뿐임을 발견하게 된다. 우리는 그리스도의 전가된 의로 말미암아 사랑을 입은 존재지만, 인격적인 순종으로 하나님을 기쁘시게 하는 것은 불가능하다. 정말로 슈퍼 영성을 지닌 사람들은 거룩함을 추구하지 않는다. 그들의 실패로 하나님의 은혜를 찬양하게 된 것을 기뻐할 따름이다.

그가 (어쩌면) 너를 책망할 것이 있나니

요즘 들어 창의적으로 문화에 참여하기 위해 열심히 고민하는 그리스도인들을 점점 더 많이 볼 수 있다. 교회 개척과 하나님 나라 사역에 열을 내는 그리스도인들, 정확한 신학에 열정을 가진 신자들 또한 많이 볼 수 있다. 이러한 현상에 진심으로 감사한다. 무언가가 빠져 있을지 모른다는 이유만으로 선하고 참된 것을 허물어뜨릴 필요는 없다. 요한계시록에 나오는 교회들에게 예수님은 그들이 신실하게 믿음을 지킨 부분에 대해 칭찬하시는 것과 영적인 위험에 빠져 있는 것에 대해 책망하셨다.

나는 누군가 바흐나 배스 낚시, 혹은 헤르만 바빙크에 빠져 있다는 이유로 그의 마음을 불편하게 만들고 싶은 마음이 추호도 없다. 그리스도인으로서 당신이 추구해야 하고, 또 추구할 수 있는 좋은 것들이 많다.

다만 나는 성경 말씀을 근거로, 모든 그리스도인에게 거룩함이 그 목록의 맨 꼭대기에 있어야 함을 말하는 것이다. 캠퍼스에서, 도시에서, 교회에서, 그리고 신학교에서, 바울과 더불어 "그런즉 너희가 어떻게 행할지를 자세히 주의"(엡 5:15)하라고 말할 수 있는 그리스도인들이 더 많이 필요하다.

당신의 교회나 당신의 마음속에 영적인 생명이 있음을 보여주는 긍정적인 증거들에도 불구하고, 여전히 개인적 거룩함의 문제를 무시하고 살아가는 것이 가능한 일일까? "누추함과 어리석은 말이나 희롱의 말이 마땅치 아니하니 오히려 감사하는 말을 하라"(엡 5:4)와 같은 구절을 삶에 적용하려고 노력한 것이 언제였던가? 성도들 안에서 음행은 이름조차 부르지 말아야 한다는 말은 무슨 의미인가? 뭔가 중요한 의미가 있는 것이 분명하다.

솔직히 음란이 판치는 문화 속에 살면서 우리가 보내는 문자나 트위터 메시지, 끼리끼리 하는 농담 안에 외설적인 암시가 조금도 없다는 게 오히려 놀랄 일이다. 뿐만 아니라 우리가 걸치는 옷이며 듣는 음악,

이성과의 연애, 대화하는 태도는 어떠한가? 가난과의 전쟁도 가치 있는 일인데, 하물며 당신 자신의 죄와 싸우는 것은 더 말할 필요도 없지 않은가.

신약에 나타난 교회에 주시는 교훈들을 세세하게 읽다 보면 가난한 자들을 돌보라고 명령하는 경우가 종종 있고, 피조물을 돌보라고 명령하는 곳은 한 군데도 없다. 반면 하나님이 거룩하신 것처럼 너희도 거룩하라고 명령하는 구절들은 수두룩하다(벧전 1:13-16 참고).

다시 말하지만, 나는 오늘날의 교회와 그리스도인들의 관심을 사로잡고 있는 것이 성경에서 강조하는 여러 가지 것들이라는 사실을 폄하할 마음이 조금도 없다. 나 외에 다른 사람은 모두 틀렸다고 말해야 책이 더 재밌어진다는 것도 안다. 하지만 그것은 사실이 아니다. 모든 것이 제대로 되어 있지 않다고 해서 전부 틀렸다고 주장할 필요는 없다. 복음을 사랑하는 것과 경건을 사랑하는 것 사이에 괴리가 존재한다면 반드시 고쳐야 한다. 거룩함을 진지하게 받아들이는 것은 위선적 경건도, 율법주의도, 근본주의도 아니다. 거룩하신 하나님에 의해 거룩한 소명으로 부르심을 입은 모든 자들이 마땅히 따라야 하는 삶의 방식이다.

성경공부를
위한 질문들

|1장| 빈틈에 주의하라

1. 거룩이란 단어를 들으면 무엇이 떠오르는가? 이때 떠오르는 생각은 주로 긍정적인가? 부정적인가? 격려가 되는 생각들인가? 낙담을 주는 생각들인가? 부담을 주는가? 자유함을 주는가?

2. 자랄 때 당신의 교회와 가정, 친구들은 거룩함에 대해 어떻게 이야기했는가?

3. 천국에서의 거룩함을 떠올리면 마음에 기쁨이 생기는가? 그것은 사랑과 평화, 즐거움과 행복이 거하는 천국을 생각할 때 느끼는 기쁨과 동일한가? 그렇게 대답한 이유는 무엇인가?

4. 어째서 오늘날 우리의 거룩함에 구멍이 뚫린 것처럼 보이는 걸까? 이 책이 제시한 이유들 중 어떤 것이 거룩해지려는 당신의 몸부림과 부합하는가?

5. 그리스도인으로서 당신 삶의 중요한 주제들은 무엇인가? 거룩함도 그중 하나인가?

THE HOLE IN OUR HOLINESS

2 / 구속하신 이유

왜 구원하셨을까?

곰곰이 생각해보면 이것은 나쁘지 않은 질문이다. 어쨌든 당신은 허물과 죄로 죽었던 존재다(엡 2:1). 첫 사람 아담의 자손으로서 당신은 아담의 죄책과 부패, 곧 원죄를 공유한다(롬 5:12-21). 당신은 하나님의 원수이자(롬 5:10), 죄악 중에 출생한 죄인이며(시 51:5), 본질상 진노의 자녀였다(엡 2:3). 죄로 인해 죽어 마땅한 죄인이었다(롬 6:23). 하지만 이 책을 읽는 모든 그리스도인에게 좋은 소식이 있다. 성경은 가장 적절한 순간에 예수 그리스도가 당신을 위해 죽으셨다고 말한다(롬 5:8). 선한 목자가 자기 양떼를 위해 목숨을 버리신 것이다(요 10:15). 예수님은 당신을 위해 하나님의 진노가 담긴 잔을 마셨다(막 10:45).

그분이 십자가에서 죽으셨다는 것은 하나님이 더 이상 우리를 대적하지 않으시고 우리를 위하신다는 사실을 의미한다(롬 3:25, 8:31-39). 그리스도의 생명과 죽음, 그리고 부활을 통해 당신은 믿음으로 말미암아 하나님과 화목하고 의롭다 하심을 받은 하나님의 양자가 되었다. 이 얼마나 복된 소식인가!

당신은 하나님께서 어떤 방식으로 우리를 구원하시는지, 우리가 무엇을 해야 구원을 얻는지, 당신이 언제 구원 받았는지에 대해 생각해 본 적이 있을 것이다. 그렇지만 하나님이 왜 당신을 구원해 주셨는지에 대해 곰곰이 생각해본 적이 있는가? 이 질문에 대한 옳은 대답은 한 가지 이상이다. 성경은 하나님이 우리를 사랑하셔서 구원하셨다고 말한다(요 3:16). 또한 우리가 그분의 이름을 찬송하게 하려 하심이라고 이야기한다(엡 1:6, 12, 14). 이 둘은 "왜?"라는 질문에 대한 최상의 답이다. 그러나 한 가지 대답이 더 있다. 이 대답은 앞의 것들 못지않게 훌륭하고, 성경적이고, 중요한 대답이 될 수 있다. 하나님이 당신을 구원하신 또 하나의 이유는 바로 당신을 거룩하게 하시기 위해서다. 다음 말씀을 목적을 진술한 부분에 주목하여 읽어보라.

> 찬송하리로다 하나님 곧 우리 주 예수 그리스도의 아버지께서 그리스도 안에서 하늘에 속한 모든 신령한 복을 우리에게 주시되 곧 창세 전에 그리스도 안에서 우리를 택하사 우리로 사랑 안에서 그 앞에 **거룩하고 흠이 없게 하시려고** (엡 1:3-4).

하나님이 영원 전에 우리를 택하시고, 그리스도를 보내서서 우리를 구원하시고, 우리 평생에 성령의 역사하심으로 말미암아 믿음을 선물로 주신 것은 바로 **우리를 거룩하게 하시기 위해서다**.

또한 바울의 말이 예수님을 믿을 때 우리에게 전가되는 그리스도의 의가 아니라는 점에 주목해야 한다. 이 점에 대해서는 앞으로도 언급하겠지만 지금 알아두었으면 하는 것은 에베소서 1장 4절(이와 유사한 내용의 본문이 많다)이 마지막 날과 현재의 성도의 삶에서 중심이 되어야 하는 개인적 거룩함에 대해 말하고 있다는 사실이다.[11]

바울은 옛 사람을 벗어 버리고 새사람을 입을 것을 요청한다(엡 4:22-24). 그는 물로 씻어 말씀으로 깨끗해지는 것을 염두에 두고 있다(엡 5:26). 하나님이 그리스도의 의로 우리를 구원하실 때 우리 또한 의로 옷 입게 하시려는 것이다. J.I.패커가 말했듯이, "우리를 구속하신 목적은 거룩함이다. 그리스도께서 우리를 의롭게 하시기 위해 죽으셨듯이, 우리는 성결하고 거룩한 존재가 되기 위해 의롭다 함을 받는 것이다."[12]

신구약 전체를 볼 때 자기 백성을 향한 하나님의 뜻은 언제나 하나님의 백성다운 거룩함이었다.

---

11. 피터 T. 오브라이언은 에베소서 1장 4절에서 고대하는 바가 마지막 날에 얻게 될 최종 무죄 선고임을 주장한 뒤 이렇게 덧붙인다. "그렇다고 해서 지금 여기서 거룩하고 흠 없이 사는 것에 대해 마음 쓰지 않아도 된다는 뜻은 아니다. '이것이 없이는 아무도 주를 보지 못하리라'(히 12:14)고 할 때의 거룩함은 성령으로 말미암아 이 땅을 살아가는 성도들의 삶 속에 점진적으로 형성되며, 그리스도 재림(parousia)의 날, 곧 에베소서 1장 14절, 4장 30절에서 기다리는 '구속'의 때에 완성될 것이다. 그리고 이것이 성도들에게 주는 분명한 메시지는 바로 지금 그들이 하나님이 의도하신 뜻을 따라 살아가야 한다는 것이다"(*The Letter to the Ephesians* [Grand Rapids, MI: Eerdmans, 1999], p. 100).
12. J. I. Packer, *Rediscovering Holiness: Know the Fullness of Life with God* (Ventura, CA: Regal, 2009), p. 33(장인식 역, 『거룩의 재발견』, 서울: 토기장이, 2011).

내가 애굽 사람에게 어떻게 행하였음과 내가 어떻게 독수리 날개로 너희를 업어 내게로 인도하였음을 너희가 보았느니라 세계가 다 내게 속하였나니 너희가 내 말을 잘 듣고 내 언약을 지키면 너희는 모든 민족 중에서 내 소유가 되겠고 너희가 내게 대하여 제사장 나라가 되며 거룩한 백성이 되리라 (출 19:4-6).

하나님의 구원 목적이 새롭게 드러나는가? 하나님은 이스라엘 백성을 거룩하게 하시려고 그들을 구원하셨다. 하나님이 그들을 애굽의 속박으로부터 해방시키신 것은 그들이 자유롭게 하나님의 길로 행하게 하시기 위해서다. 그들은 구별되고 정결하고 거룩한 백성이 되어, 한 사람 한 사람이 모두 제사장과 같이 될 것이다. 모든 교회의 그리스도인 전체가 이와 동일한 제사장적 정체성을 가지고 살아야 한다(벧전 2:9). 그것이 바로 하나님이 우리를 구속하신 이유다.

- "그러므로 너는 내가 우리 주를 증언함과 또는 주를 위하여 갇힌 자 된 나를 부끄러워하지 말고 오직 하나님의 능력을 따라 복음과 함께 고난을 받으라 하나님이 우리를 구원하사 거룩하신 소명으로 부르심은 우리의 행위대로 하심이 아니요 오직 자기의 뜻과 영원 전부터 그리스도 예수 안에서 우리에게 주신 은혜대로 하심이라"(딤후 1:8-9).
- "하나님이 우리를 부르심은 부정하게 하심이 아니요 거룩하게 하심이니"(살전 4:7).

- "우리는 그가 만드신 바라 그리스도 예수 안에서 선한 일을 위하여 지으심을 받은 자니 이 일은 하나님이 전에 예비하사 우리로 그 가운데서 행하게 하려 하심이니라" (엡 2:10).
- "남편들아 아내 사랑하기를 그리스도께서 교회를 사랑하시고 그 교회를 위하여 자신을 주심같이 하라 이는 곧 물로 씻어 말씀으로 깨끗하게 하사 거룩하게 하시고 자기 앞에 영광스러운 교회로 세우사 티나 주름 잡힌 것이나 이런 것들이 없이 거룩하고 흠이 없게 하려 하심이라" (엡 5:25-27).

이보다 더 분명할 수는 없다. 성경에 나타난 구원 역사 전체의 이유, 구속의 의도, 그리고 처음부터 하나님이 당신을 택하신 목적은 다름 아닌 '거룩함'이다.

복음을 통해 얻는 선물

거룩함은 당신이 구원받은 목적일 뿐 아니라, 구원에 꼭 필요한 요소다. 율법주의 경보를 울린 후 도덕의 가죽끈으로 나를 꽁꽁 묶어서 갈라디아 교인들에게(갈라디아서는 특별히 율법주의를 경계하기 위해 바울이 쓴 서신이다-역주) 넘기기 전에, 당신은 먼저 성경 말씀이 말하고자 하는 것을 확인해야 한다.

- 예수님은 다음과 같이 말씀하셨다. "나더러 주여 주여 하는 자마다 다 천국에 들어갈 것이 아니요 다만 하늘에 계신 내 아버지의 뜻대로 행하는 자라야

들어가리라"(마 7:21). 즉 올바른 진리를 고백하고도 구원받지 못할 수 있다. 오직 아버지의 뜻대로 행하는 자만이 천국에 들어갈 것이다. 그리고 이것은 예수님의 말씀을 듣고 행하는 것을 의미한다(26절).

- 고린도전서 6장 9-10절과 유사한 많은 구절이 불의한 자는 하나님의 나라를 유업으로 받지 못한다고 가르친다. 갈라디아서 5장 19-21절도 동일하게 강조한다. 습관적인 죄악 속에서 살아가는 자들이 천국에 들어가지 못한다는 것은 성경이 일관적으로 되풀이하는 가르침이다. 마지막 날에 하나님으로부터 무죄를 선고받으려면 우리에게 흘러들어온 은혜가 우리 밖으로 흘러나가고 있다는 증거가 있어야 한다.

- 특별히 요한일서는 우리가 진짜 하나님께 속했는지 알 수 있는 몇 가지 기준을 설명한다.[13] 하나님으로부터 난 자들은 아들을 시인하고(요일 2:23, 4:15) 예수께서 그리스도이심을 믿을 뿐 아니라 하나님의 계명을 지키며(요일 2:3-4), 그리스도가 행하시는 대로 행하며(요일 2:5-6), 의를 행하며(요일 2:29), 세상을 이길 것이다(요일 5:4). "하나님께로부터 난 자는 다 범죄하지 아니하는 줄을 우리가 아노라 하나님께로부터 나신 자가 그를 지키시매 악한 자가 그를 만지지도 못하느니라"(요일 5:18).

- 마찬가지로 야고보서는 행함이 따르지 않는 믿음은 구원하는 믿음이 아니라고 밝힌다(약 2:14). "이와 같이 행함이 없는 믿음은 그 자체가 죽은 것이라"(약 2:17). 많은 그리스도인이 야고보가 강조한 행위와 바울이 강조한 믿음을

---

[13] 존 파이퍼는 요한일서에서 11가지의 중생의 증거를 발견했고 나는 그중 몇 가지를 바로 다음에 나오는 문장에 포함시켰다. John Piper, *Finally Alive* (Fearn, Ross-shire, UK: Christian Focus, 2009), pp. 125-128(전의우 역, 「존 파이퍼의 거듭남」, 서울: 두란노서원, 2009) 참고.

조화시키기 위해 노력해왔다. 바울은 우리 모두가 믿음이 하나님과 화목하기 위한 도구적 수단임을 깨닫기 원한다. 우리의 구원에 기여하는 것은 아무것도 없으며, 구원의 유일한 근거는 그리스도의 의다. 한편 야고보는 참된 믿음에 경건함의 증거들이 따라야 함을 이야기한다. 우리는 오직 믿음으로 의롭다 함을 받지만, 우리를 의롭게 한 믿음은 결코 고립된 것이 아니다. 바울이 참되고 살아 있는 믿음을 설명하는 것이라면, 야고보는 지적 동의일 뿐 영적으로는 죽은 것에 지나지 않는 가짜 믿음에 대해 논하고 있는 것이다(약 2:17, 19-20, 26).

- 또한 히브리서 12장 14절 말씀이 있다. "모든 사람과 더불어 화평함과 거룩함을 따르라 이것이 없이는 아무도 주를 보지 못하리라" 다시 말해 거룩함은 선택 사항이 아니다. "그럼요, 절대적으로 옳은 말이지요. 우리는 거룩한 존재임이 분명합니다. 그리스도로 말미암아 거룩히 여김을 받고 있지요."라고 말하는 사람이 있을지 모르겠다. 맞는 말이다. 실제로 히브리서의 다른 구절에서 우리는 거룩함이 복음을 통해 얻게 되는 선물이라는 것을 발견한다(히 10:10, 14). 이런 거룩함을 '확정적 성화'(definitive sanctification)라고 부르기도 한다. 하지만 히브리서 12장은 이러한 신분에 근거한 거룩함을 실제적으로 완성해가는 것을 다루고 있다.[14]

---

14. Jerry Bridges, *The Pursuit of Holiness* (Colorado Springs: NavPress, 2006) pp. 31-39 참고. 피터 오브라이언은 이렇게 이야기한다. "그렇다면 하나님이 이미 우리에게 선물로 주신 것을 어떻게 추구할 수 있단 말인가? 그에 대한 적절한 대답은 믿는 우리의 삶 속에 하나님이 주신 선물이 구체적으로 실현되어야 한다는 것이다." (*The Letter to the Hebrews* [Grand Rapids, MI: Eerdmans, 2010], p. 472). 또한 그는 "모든 성도들이 믿음의 절정, 곧 거룩함의 완성을 향해 정진해야 한다. 이것이 있어야만 하나님을 볼 수 있다." (p. 473)라는 말을 덧붙였다.

히브리서 12장 14절에서 말하는 거룩함은 우리가 값없이 얻는 거룩함이 아니라 몸부림쳐서 얻어내야 하는 거룩함이다. 12장 전반부에 나오는 '징계'라는 맥락에서 생각하면 이해할 수 있다. 히브리서의 수신인인 히브리인들은 믿음을 가진 그리스도인들로, 신앙 때문에 고난을 받아 믿음마저 파괴될 위험에 처해 있었다(히 10:39). 때문에 아버지 되신 하나님은 그들이 연단을 받아 의에 이르게 하시기 위해 그들을 징계하셨다(히 12:11). 이와 같이 하나님은 자기 백성을 거룩하게 하는 일에 열심을 내신다. 왜냐하면 거룩하신 하나님과 사귐을 갖는 사람들을 구별하는 표시가 바로 거룩함이기 때문이다.

이와 같은 구절들은 수없이 많다. 1990년에 존 파이퍼는 모든 사람이 꼭 읽어야 하는 장문의 편지를 썼다. 제목은 이른바 "'주재권 구원'에 관하여 친구에게 보내는 편지"(Letter to a Friend Concerning the So-Called 'Lordship Salvation')다.[15]

당시는 우리가 그리스도를 주님으로 인정하지 않고도 구주로 받아들일 수 있는지에 대한 열띤 논쟁이 있던 때였다. 이에 존 맥아더는 우리가 진정으로 예수님을 따르는 길은 그분을 구주와 주님으로 받아들여야 하는 것임을 알게 하기 위해 『예수복음』을 저술했다.[16]

존 파이퍼 목사가 "'주재권 구원'에 관하여 친구에게 보내는 편지"를 쓴 것은 그가 이 책을 지지한 것에 대해 어떤 목회자가 의문을 제기한

---

15. http://www.desiringgod.org/resource-library/articles/letter-to-a-friend-concerning-the-so-called-lordship-salvation. 2011년 6월 25일에 접속함.
16. John MacArthur, *The Gospel According to Jesus : What if Authentic Faith?* (Grand Rapids, MI : Zondervan, 2008).

후였다. 편지 본문 다음에 "영생을 유업으로 받기 위해 그리스도의 주 되심에 굴복해야 함을 보여주는 성경본문들"을 열거한 아주 긴 목록의 부록이 이어진다. 영생을 얻기 위해 선을 행해야 하는 필요성에 대한 것 6개, 순종의 필요성에 대한 것 13개, 경건의 필요성에 대한 것 2개, 다른 사람을 용서해야 하는 필요성에 관한 것 2개, 육신대로 살지 말아야 하는 필요성에 대한 것 4개, 돈을 사랑하지 말아야 할 필요성에 대한 것 2개, 그리스도와 하나님을 사랑해야 하는 필요성에 대한 것 14개, 다른 사람을 사랑해야 하는 필요성에 대한 것 6개 등이 언급된다. 진리를 사랑하고, 어린아이 같아야 하며, 혀를 재갈 물려야 하고, 인내해야 하고, 빛 가운데 걸어야 하며, 회개해야 하며, 믿음의 선한 싸움을 싸워야 하는 필요성에 대한 구절들도 수십 개 들어 있다. 즉 하나님의 자녀는 거룩해야 한다는 것이다.

꼭 필요한 설명

여기서 짚고 넘어가야 할 것이 있다. 개인적 거룩함의 필요성이 오직 믿음으로 말미암는 칭의에 대한 확신을 약화시켜서는 안 된다는 사실이다. 최고의 신학자들과 신학적 진술들은 언제나 복음이 말하는 은혜의 본질이 듣는 자들에게 걸림돌이 될 만하다는 것과 개인적 거룩함이 반드시 있어야 한다는 것을 동시에 강조해왔다. 즉 믿음과 선행 둘 다 필수적이다. 전자가 뿌리라면 후자는 열매다. 하나님이 우리를 의롭다 선포하시는 것은 오로지 우리에게 값없이 주어진 그리스도의 의 때문이다(고후 5:21). 따라서 우리의 정결함은 결코 사랑의 행위나 자선 행위에 근거하지 않는다. "내가 어떻게 해야 구원을 받습니까?"라는 질문에 가톨릭 신자라면 "회개하고 믿음을 가져라. 그리고 자비를 베푸는 삶을 살아라."[17] 라고 대답하겠지만, 사도바울은 "주 예수를 믿으라 그리하면 너와 네 집이 구원을 받으리라"(행 16:31)고 대답한다. 하나님과의 관계 회복은 전적으로 믿음에 달려 있다.[18]

그럼에도 우리는 믿음에 대해 그 이상의 것을 말해야 한다. 당신을 그리스도와 연합하게 하고 하나님과의 관계를 회복시키는 믿음은 사랑으로 역사하는 믿음이다(갈 5:6). 마지막 날에 하나님은 우리의 선행이 충분하다는 이유로 우리를 죄 없다 선포하지 않으실 것이다. 오히려 우리의 선한 고백이 가짜가 아니라는 증거를 찾으실 것이다. 우리가 거룩해야 하는 까닭은 바로 이런 의미에서다.

개인적 거룩함의 필요성을 강조하는 것은 지극히 개신교다운 일이다. 예를 들어, '벨기에 신앙고백'(*Belgic Confession*, 1561)은 "우리는 구원의 근거를 **선행**에 두지 않는다."라고 고백한다. 우리가 의롭게 되는 것은 행위가 아닌, 오직 믿음에 의해서다. 하지만 벨기에 신앙고백은 "거룩한 믿음이 인간 내면에 열매를 맺지 않는 것은 불가능하다. 우리가 말하는 것은 헛된 믿음이 아니라 성경이 말하는 사랑으로 역사하는

---

17. Peter J. Kreeft, *Catholic Chrisitanity* (San Francisco:Ignatius, 2001), p. 130.
18. 그렇다고 해서 믿음이 우리를 구원하는 선행이라는 말은 아니다. 믿음은 단지 구원의 도구적 원인으로서 우리가 그리스도와 연합하게 해주고, 그분이 주시는 모든 복에 참예하게 해주는 수단이다(엡 1:3, 2:8-9).

믿음이기 때문이다."¹⁹ 라고도 고백한다.

　마찬가지로 '하이델베르크 교리문답'(Heidelberg Catechism)은 오직 예수 그리스도를 믿는 참된 믿음만이 우리를 하나님과 화목하게 할 수 있다고 가르친다. 우리가 해야 하는 일은 믿는 마음으로 하나님이 주신 이 선물을 받아들이는 것뿐이다. 그러나 그 다음에 조금도 주저함 없이 거룩함의 필요성을 강조한다. "감사히지도, 회개히지도 않는 길에서 돌이켜 하나님께로 돌아오지 않는 자들이 구원받을 수 있는가? 결코 그럴 수 없다. 성경은 우리에게 음행하는 자나 우상 숭배하는 자나 간음하는 자나 도적이나 탐욕을 부리는 자나 술 취하는 자나 모욕하는 자나 속여 빼앗는 자들은 하나님 나라를 유업으로 받지 못할 것이라고 말해준다."²⁰ 그 밖에 종교개혁에 근거한 여러 공식적인 교리에서도 이런 종류의 진술을 쉽게 찾아볼 수 있다.²¹

　이 모든 것이 계속해서 되풀이하며 가르치고 있는 것은 우리 안에 행하시는 분, 곧 우리로 소원을 두고 행하게 하시는 분이 하나님이라는 사실이다. 우리가 값을 주고 얻은 것은 아무것도 없다. 우리는 모든 것을 약속으로 받았다. 그렇다고 행함의 의를 너무 꺼린 나머지, 성경이 분명하게 이야기하는 바를 희석시키면 안 된다. 우리는 은혜에 의하여 믿음으로 말미암아 구원받았다(엡 2:8). 더불어 우리는 그리스도

---

19. 벨기에 신앙고백 24조.
20. 하이델베르크 교리문답 Q/A 60, 61, 87 참고.
21. 합의신조문 4.1(*The Epitome of the Formula of Concord* 4.1, 루터파교회), 웨스트민스터 신앙고백 13.1 (*The Westminster Confession of Faith*, 장로교/개혁주의), 신앙 39개조의 13조 (*Thirty-Nine Articles*, 성공회) 참고.

예수 안에서 선한 일을 위하여 지으심을 받았다(엡 2:10). 사람을 변화시키지 않고도 구원할 수 있다고 주장하는 복음은 안일한 믿음주의(easy-believism)를 가져올 뿐이다.

그리스도인으로 사는 것이 그저 기도를 드리거나 교회에 등록해서 나가는 것에 지나지 않는다고 생각한다면, 당신은 진짜 은혜를 값싼 은혜와 혼동하고 있는 것이다. 의롭다 함을 받은 자들은 반드시 거룩하게 될 것이다.[22] 하나님의 말씀을 의심하거나 부인하는 것은 있을 수 없는 일이다. 우리가 거룩하라는 명령을 받았고, 거룩해지기 위해 구원받았으며, 영생을 유업으로 얻기 위해 실제로 거룩해져야 한다는 것, 이것은 성경의 거의 모든 페이지마다 또렷이 새겨진 진리다.

---

22. 다음 장에서 나는 확정적 성화와 점진적 성화의 차이를 언급한다. 어떤 의미에서 의롭다 함을 받은 자들은 이미 거룩하다(확정적 의미). 하지만 의롭다 함을 받은 자들이 거룩하게 될 것이라고 말하는 것 역시 옳은 말이다(점진적 의미).

성경공부를 위한 질문들

|2장| 구속하신 이유

1. 하나님이 왜 당신을 구원하셨는지 생각해 보았는가? 어떤 이유들이 떠오르는가?

2. 당신이 거룩한 삶을 사는 데 영향을 준 성경구절은 어떤 것들인가?

3. 거룩함을 추구하는 것이 감히 하기 힘든 일처럼 느껴지는가? 왜 그렇게 느끼는가? 혹은 왜 그렇지 않게 느끼는가?

4. 개인적 거룩함을 강조하는 것이 그리 달갑지 않은 것이라 여겨지는가?

THE HOLE IN OUR HOLINESS

3 / 경건의 유형

거룩함이 성경의 중심 주제 중 하나라는 데는 의심의 여지가 없다. 성경에 '거룩한'(holy)이라는 단어가 600번 이상 나오고, '거룩함'(holiness), '거룩하게 하다'(sanctify), '성화'(sanctification) 등과 같은 파생 단어까지 포함하면 700번 이상 언급된다. 그러므로 하나님이 거룩하시고, 거룩하신 하나님이 거룩한 천국에서 자기와 더불어 영원히 살도록 거룩한 백성을 세우기로 작정하셨다는 사실을 이해하지 않고서는 성경의 참 의미를 깨달을 수 없다. 이스라엘의 제사 제도 전체가 거룩함을 중심으로 전개되고 거기에는 거룩한 옷을 입고 거룩한 땅(가나안)에 거하며, 거룩한 곳(성막/성전)에서 거룩한 기구와 물건들로 거룩한 절기를 지키며, 거룩한 율법을 따라 살아가는 거룩한 백성(제사장)들이 존재한다.

바로 제사장의 나라요, 거룩한 백성이 되기 위해서 말이다.

거룩함의 가장 기본적인 뜻은 '구별됨'이다.[23]

이것은 공간적 용어다. 어떤 사람, 혹은 어느 장소가 거룩하다고 이야기할 때는 그것이 구별되었음을 의미한다. 링컨은 게티즈버그 연설에서 펜실베이니아에 위치한 남북전쟁의 전투지를 성지로 선포했다. 게티즈버그에서 벌어진 결정적 전투들로 인해, 세미테리 언덕과 리틀 라운드 탑은 더 이상 평범하고 일반적인 장소가 아닌, 특별한 의미를 가지고 기념되기 위해 성별된 장소가 된 것이다.

이와 유사하게 하나님은 당신이 만드신 모든 것과 차별되는 초월적인 존재이므로 거룩하시다. 그분은 평범하지 않으시고, 독특하게 구별되신다. 그분은 여호와 하나님이시며, 그 외에 다른 이가 없다(사 45:22). 또한 거룩하신 하나님으로부터 우리도 거룩하도록 부르심을 받았다(레 11:44-45, 19:2; 벧전 1:15-16). 하나님은 비록 불완전할지언정 우리가 하나님의 거룩하심을 반영하는 삶을 살도록 우리를 구별하신다.

이미 얻었고 계속 성장한다

어떤 의미에서 우리는 이미 그리스도 안에서 거룩하다. 책 초반부터 이 사실을 깨닫는 것이 중요하다. 이에 대해서는 앞으로도 계속 살펴볼 것이다. 그리스도인들이 '성화'를 이야기할 때의 일반적인 의미는

---

23. David Peterson, *Possessed by God, A New Testament Theology of Sanctification and Holiness* (Downers Grove, IL: InterVarsity Press, 1995), p. 17.

대체로 '경건해지기 위해 성장하는 과정'을 뜻한다. 지난 수세기 동안 신학자들은 '칭의'(우리를 의롭다 하시는 단 한 번의 선포)와 '성화'(의롭게 되는 지속적인 과정)를 적절하게 구분해왔다. 이 책에서 '성화'라는 용어를 사용할 때 나도 그런 의미로 사용할 것이다. 하지만 신약성경에서 동사 '거룩하게 하다'(to sanctify)와 명사 '성화'(sanctification)를 사용할 때, 그것은 우리가 그리스도께 속함으로써 이미 우리에게 이루어진 하나님의 구원 사역을 지칭한다.[24]

히브리서 10장 10절에 따르면, 예수 그리스도께서 자기 몸을 단번에 드리심으로 말미암아 우리가 거룩함을 얻었다. "거룩하게 하심을 입은"(행 20:32) 자들이란 호칭과 "거룩하게 된 무리"(행 26:18)라는 호칭은 참된 그리스도인들을 가리키는 말이다. 다른 곳에서도 성도를 "그리스도 예수 안에서 거룩하여진" 자들이라 표현한다(고전 1:2). 때문에 바울이 거룩함을 '씻음', 그리고 '의롭다 하심'과 동일시할 수 있는 것이다(고전 6:11). 즉 우리가 믿음으로 그리스도와 연합될 때 그분은 우리에게 지혜와 의로움과 거룩함과 구원함이 되신다(고전 1:30).

이런 관점에서 생각할 때 그리스도인은 모두 거룩함을 입은 자들이다. 우리는 이미 구별된 자요, 더 이상 평범하지도, 부정하지도 않은 존재다. 어떤 신학자들은 그리스도와의 연합을 통해 선물로 받은 이 거룩함을 가리켜 '확정적 성화'(definitive sanctification)라고 부른다.[25]

---

24. Ibid., p. 27.
25. John Murray, "Definitive Sanctification," in *Collected Writings of John Murray*, 4 vols. (Edinburgh: Banner of Truth, 1977), pp. 2:277–284.

하지만 이 확정적 성화가 존재한다고 해서 '점진적 성화'(progressive sanctification)의 필요성이 배제되는 것은 아니다. 그리스도 안에서 모든 그리스도인은 단번에 얻어지는 거룩함을 소유하게 되며, 이러한 새로운 정체성에 근거하여 각 사람이 평생 계속되는 성화의 과정을 통해 자라가도록 명령을 받는다(빌 2:12-13). 데이비드 피터슨의 말처럼 "신자는 하나님의 영광을 위하여 거룩하고 헌신된 삶을 살도록 하나님께 성별된 존재다."[26]

다시 말해 거룩함은 지금 우리의 정체성인 동시에 앞으로도 이루어져야 하는 정체성이다.

천박한 모방

그렇다면 우리가 되고자 하는 모습은 정확히 어떤 것인가? 하나님은 우리를 거룩하게 하시기 위해 구원하셨다. 이것은 우리 모두가 수긍하는 바다. 하나님이 거룩하신 것처럼 우리도 거룩해야 한다. 이 점에도 동의한다. 우리는 하나님을 섬기기 위해 구별되었다. 물론이다. 그렇다면 거룩함은 구체적으로 어떤 것을 의미하는가? 이 문제를 고상한 신학적 영역 밖으로 끄집어내어 우리가 실제로 예배하고, 일하고, 놀이하는 삶의 현장으로 가져가 보자. 먼저 몇 가지 예로 거룩하지 않은 것들을 살펴보겠다.

---

26. Peterson, *Possessed by God*, p. 27.

1. 단순히 규칙을 지키는 것이 아니다

여기서 '단순히'라는 말이 중요하다. 거룩함은 명령에 순종하는 것보다 못한 것이 아니다. 예수님은 "너희가 나를 사랑하면 규칙이나 종교 따위는 잊고 기분이 좋아지는 일들을 하라"고 말씀하시지 않고, "너희가 나를 사랑하면 나의 계명을 지키리라"(요 14:15)라고 말씀하셨다. 그러므로 거룩한 사람들은 순종하는 자들이다. 그렇다고 이것이 그저 규칙만 잘 지키면 된다는 뜻은 아니다. 경건은 기본적인 도덕성이나 친절 이상을 의미한다. 바리새인들은 외적으로 도덕적이었지만 마음은 하나님과 멀리 떨어져 있었다(막 7:7). 영국의 정치가이자 외교관으로 41대 총리를 지낸 네빌 체임벌린이 히틀러의 요구를 받아들일 때 친절하게 행동했다고 하여 그를 역사상 위대한 영웅으로 볼 수는 없다. 내 말을 오해하지 않기 바란다. 나 역시 화려한 옷을 차려 입고 날마다 도박을 즐기며 술에 절어 사는 은둔형의 사람보다는, 꼬박꼬박 세금 내면서 정원도 가꾸고 12세 이상 관람가 영화를 보는 예의 바른 이웃이 더 좋다. 그러나 거룩함은 중산층 가정의 가치, 그 이상이다.

믿음의 싸움은 자칫 체크리스트에 의한 성화로 변질되기 쉽다. 안 좋은 습관 몇 개 고치고, 좋은 습관 몇 개 개발하고 나면 끝인 것처럼 말이다. 하지만 도덕성 검사 체크리스트에 마음속 우상까지 포함되지는 않는다. 복음조차 들어가지 않을 수도 있다. 게다가 체크리스트 영성은 선별적이기 쉽다. 마약을 멀리하고, 체중을 조절하고, 무료급식소에서 봉사하고, 스티로폼 사용을 중단하면 성화가 잘되는 것이라 느끼면서 온유함이라든지 겸손, 희락, 성적 순결 등은 무시하게 될지도 모른다. 하나님의 손길이 정말로 당신 마음의 깊은 곳까지 미치지 않을 수 있다. 내가 만일 하루에 두 시간씩 성경 읽고, TV는 갖다 버리고, 자신의 소유를 팔고, 고아 세 명을 입양하라는 내용의 책을 쓴다면 아마도 불타나게 팔리지 않을까? 우리는 리스트를 좋아한다. 그리고 우리 중 몇 명은 고통의 시간을 보낸 후, 진정한 영적 거장이 되기 위해 해야 되는 일들을 하나하나 지시받기를 원한다. 이런 식의 권면이 처음에는 유망해 보이지만 긴 안목에서 보면 효과가 없다. 단순히 규칙을 지키는 것은 해답이 아니다. 거룩함은 사소한 윤리적 문제 몇 가지를 바로 잡는 것으로 환원될 수 없기 때문이다.

2. 세대 간의 모방이 아니다

내가 젊은 사람들에게 도전을 주는 방식으로 이야기하기 때문에 나이 든 그리스도인들은 내가 이 책을 통해 예전이 훨씬 더 좋았다고 말하는 거라고 단정 지을지 모르겠다. 하지만 빌리 조엘이 노래했듯이 "지난날이 늘 좋았던 것도 아니고, 내일이 반드시 나쁜 것도 아니다." 다시 말해 거룩함을 추구하는 것은 1950년대를 재현하려는 비현실적인 노력도 아니다. 1590년대는 말할 것도 없다.

물론 이전 세대로부터 배울 수 있는 점이 많다. 나는 종종 신학적, 윤리적 본보기를 찾기 위해 청교도나 종교개혁자들, 또는 할아버지 세대로 눈을 돌린다. 청교도들처럼 말하고, 그들처럼 옷 입고, 그들 중 일부가 그랬듯이 크리스마스를 폐지해야 한다는 뜻이 아니다. 지나간 시대의 영화(榮華)를 재현하는 것으로는 성화에 이르는 지름길을 발견할 수 없다. '상황이 옛날과 같다면 좋을 텐데…….' 이렇게 생각하는 사람이 있을 수 있다. 물론 순결에 대한 대중적 기준에 관해서는 도움이 될지 모르겠다. 하지만 인종 관계 면에서 본다면 옛날이 꼭 좋았던 것만은 아니다. 각각의 세대는 모두 나름의 시견과 맹점을 갖고 있다. 그 속에서 좋은 것을 배우고 나쁜 것을 피하려면 지혜가 필요하다. 그런 면에서는 이전의 그리스도인들이 특정 영역에서 개인적 거룩함에 대해 좀 더 관심을 기울였다고 생각한다. 하지만 하나님이 카드놀이를 제한하고 음주 금지법을 재도입하는 등 우리가 그들의 세계를 다시 재현하는 것을 원하실까? 아마도 그렇지 않으실 것이다.

3. 포괄적인 영성이 아니다

"영적이지만 종교적이지 않은"(spiritual, not religious)이라는 슬로건보다 더 교묘하게 교리적인 오해와 도덕적 해이를 불러일으킨 말이 있을까? 어떤 사람들은 이것을 "저는 하나님과 더불어 삶을 변화시킬 수 있는 인격적인 관계를 맺고 싶어요. 단지 교회 나가는 수준이 아니고요."라는 말로 받아들인다. 그러나 사실 이 말은 신학적 기준이나 절대적인 도덕 기준, 조직화된 종교에 대한 반감을 함축하고 있다. 동시대 용어로 영적이라는 것은 신비적인 것에 개방적이고 기도, 치유, 내적 평안 같은 영적인 것들에 관심이 높다는 것을 의미한다.

참된 영성은 아버지 하나님, 그리고 예수 그리스도와의 연합을 통해 성령으로 말미암아 변화되는 것을 의미한다. 그러므로 영성에 관심이 있다면 당신의 우선순위는 성령으로 말미암는 거룩함이 자라가는 것이어야 마땅하다. 기독교 제자도의 목표는 의로움이다. 이것에 대해 R.C. 스프로울은 이렇게 이야기한다. "그런 표현은 오늘날의 그리스도인들에게 급진적으로 들릴 수 있다. 나에게 윤리적이고, 도덕적이고, 영적이고, 심지어 경건한 사람이 되는 것에 대해서 말하는 사람은 많다. 하지만 의로운 사람이 되는 것에 대해 말하고 싶어 하는 사람은 아무도 없는 것 같다."[27] 회심케 하시는 성령의 은혜로 구원받고 성령의 절대적 보증으로 인치심을 받아 성령의 내주하시는 능력으로 말미암아 거룩하게 되는 것, 그것이 바로 참된 영성이다.

4. 참된 자아를 발견하는 것이 아니다

세속적인 사회에서 훌륭하다고 인정받는 사람은 스스로에게 충실한 사람이다. 일례로 '뉴욕타임스'와 '뉴스위크' 칼럼니스트인 애나 퀸들런은 어느 학교의 졸업생들에게 다음과 같이 말했다.

> 사람의 지문이 각각 다른 것처럼 우리 모두가 서로 다릅니다. 그런데 어째서 다 같은 방향으로 밀집된 대열을 따라 행진해야 합니까? 이처럼

---

[27]. R.C. Sproul, *The Holiness of God* (Carol Stream, IL: Tyndale, 1998), p. 203(김진우 역, 『하나님의 거룩하심』, 서울: 생명의말씀사, 1995).

다수, 혹은 대세를 따르는 것이야말로 우리의 가장 큰 저주요, 우리를 괴롭히는 모든 악의 근원입니다. 이는 동성애 혐오증, 외국인 혐오증, 인종차별, 성차별, 테러리즘 등의 갖가지 편견의 근원이기도 합니다. 그것이 우리에게 일을 처리하고, 바라보고, 행동하고, 느끼는 데 한 가지 올바른 방식만이 있다고 말해주기 때문입니다. 그러나 가장 올바르고 유일한 방식은 여러분 안에서 고동치는 심장박동을 느끼고, 심장의 울림에 귀를 기울이는 것, 바로 그것입니다.[28]

퀸들런 씨가 내 안에 있는 자그마한 울림에 대단한 점수를 부여하고 있다는 것은 분명하다. 그렇다면 만약 당신 내면에서 동성애자와 외국인을 혐오하며, 인종과 성을 차별하는 소리가 난다면 어떻게 할 것인가? 모든 악을 단순히 다수의 탓으로 돌릴 수 있는가? 다시 말해 나쁜 사람은 모두 군중을 따르고, 착한 사람은 모두 자기 생각대로 행동한다고 말할 수 있는가? 반대로 당신이 퀸들런의 충고를 따라 그녀가 지적한 편견들을 거부한다면 어떻게 되는가? 그러면 당신은 다수에 의한 이 사회의 희생자가 되는 것인가? 당신은 당신 내면의 울림과 졸업식 연사의 목소리를 동시에 청종할 수 있는가? 나는 당신 내면의 울림이 나와 보조를 맞추는 한, 그것에 맞춰 무엇이든 할 수 있다고 말하는 것이 바로 포스트모더니즘(postmodernism)의 핵심 신조라고 생각한다.

---

28. *First Things* (August/September, 2002): p. 95에서 인용.

또 만약 당신 마음속의 울림이 하나님과 조화를 이루지 못한다면 어떻게 하겠는가? 우리는 우리 모두의 내면에 선한 사람이 존재한다는 말을 들어왔다. 수많은 영화를 통해 인생의 목적이 당신의 진정한 자아를 발견하는 것임을 보아왔다. 셀 수 없을 만큼 많은 TV쇼들을 보면서 가장 고상한 소명이 당신 자신의 잠재력을 믿는 거라고 배워왔다. 세상이 거룩함을 고집하는 것은 확실하다. 누구도 아니라고 말하지 못할 것이다. 그러나 세상이 말하는 거룩함은 하나님께 충실함으로 발견할 수 있는 것이 아니다. 그것은 당신 자신에게 충실할 때 발견된다. 그리고 당신 자신에게 충실하다는 것은 반드시 관용과 다양성에서 누군가의 정의에 충실하다는 것을 의미한다.

5. 세상의 방식이 아니다

만일 세상이 우리의 경건을 축하해주기를 고대한다면, 우리는 절대로 거룩함에서 진보하지 못할 것이다. 물론 문화적 가치가 성경적 가치와 일치하는 경우도 있다. 서구에서는 공공연한 인종차별이 용인되지 않는다. 무슬림 국가들은 동성애를 반대한다. 그러나 여기서 말하는 '세상'은 우리 주변 사람들을 일컫는 말이 아니라 하나님의 뜻에 대적하는 모든 것을 대표하는 말이다. 가장 단순한 의미로 이것은 육신의 정욕과 안목의 정욕과 이생의 자랑을 뜻한다(요일 2:16). 다른 말로 하면 세상적인 것의 본질은 죄를 정상적인 것처럼 보이게 하고, 의는

이상한 것처럼 보이게 만드는 것이다.[29]

어떤 나라나 문화가 다른 나라보다 더 나을 수 있다. 하지만 모든 사회에는 하나님의 자녀들과 대적하여 싸우는 바벨론의 원칙이 존재한다(계 17-18장).

세속성은 심각한 문제다. 성경은 "누구든지 세상을 사랑하면 아버지의 사랑이 그 안에 있지 아니하니"(요일 2:15)라고 말한다. 한때 그리스도인들은 세상적인 것에 대해 이야기했고 그 은밀한 영향력을 두려워했다. 하지만 요즘은 세상적인 옷차림이나 세상적인 금전 사용, 세속적인 오락 추구 따위를 거론했다가는 비웃음을 사기 십상이다. 세속성은 우리 조부모 세대가 예민하게 다루었던 주제다. 우리에게는 지구를 구해야 할 사명이 있고 그런 사소한 문제들 때문에 걱정할 시간이 없다. 우리는 세상과 벗된 것이 하나님과 원수가 된다는 것을 믿지 않는다(약 4:4).

많은 그리스도인이 더 나은 그리스도인이 되기만 하면 모두가 알아줄 것이라는 잘못된 생각을 가지고 있다. 그들은 거룩함에 대가가 따른다는 사실을 깨닫지 못한다. 물론 세상이 좋아하는 가치에 초점을 맞출 수도 있을 것이다. 그렇다 해도 당신이 고아를 돌보는 동시에 세속에 물들지 않는 순결을 옹호하는 참된 종교를 추구한다면(약 1:27), 당신이 사귀고 싶어 하는 친구들 중 몇 명은 잃게 될 것이다. 즉 하나님이

---

29. David F. Wells, *God in the Wasteland: The Reality of Truth in a World of Fading Dreams* (Grand Rapids, MI: Eerdmans, 1994), p. 29(윤석인 역, 『거룩하신 하나님』, 서울: 부흥과개혁사, 2007).

기뻐하시는 거룩한 산 제물이 되기 위해서는 당신을 자기 틀에 끼워 맞추려 하는 세상의 압력에 저항해야 한다(롬 12:1-2). 결혼생활을 위해 순결을 지키고, 금요일 밤에 술 마시지 않고, 교회예배와 봉사를 위해 승진 제안을 거부하고, 욕하지 않고, TV를 끄는 것 등은 세상이 절대로 이해하지 못할 일이다. 그러므로 그들이 이해하기를 바라지 마라. 거룩함으로 향하는 길에 세상은 결코 치어리더를 보내주지 않을 것이다.

참된 거룩

지금까지 거룩하지 않은 5가지 예를 살펴보았다. 이제는 긍정적인 측면으로 눈을 돌려 거룩함이 실제로 어떠해야 하는지 살펴보자.

1. 우리 안에 있는 하나님의 형상이 새로워지는 것이다

아담과 하와는 하나님의 형상을 따라 하나님의 모양대로 지음받았다(창 1:26). 그러나 아담의 범죄로 말미암아 전 인류가 부패에 이르렀다(롬 5:12-21). 따라서 여전히 우리는 하나님의 형상대로 지음받은 존재지만(창 9:6; 약 3:9) 그 형상이 비틀어지고 일그러졌다(창 6:5; 전 7:29). 성화의 목적은 이 형상을 새롭게 회복시키는 것이다. 그리고 거룩한 사람은 자기를 창조하신 이의 형상을 따라 지식에까지 새롭게 하심을 입은 자다(골 3:10). 이는 곧 의와 거룩함에서 자라가는 것을 의미한다(엡 4:24). 이 일은 단번에 이루어지는 것이 아니라 하나님과 같은 형상으로 변화하여 영광에 이르는 과정을 내포한다(고후 3:18).

하나님은 거룩하신 분이므로 가장 기본적인 차원에서 거룩하게 된다는 것은 곧 하나님을 닮아간다는 뜻이다. 그리스도인들이 그분의 인격과 사역을 이해하는 것이 그토록 중요한 이유가 여기에 있다. 거룩함이 어떤 것인지 알고 싶은가? 그렇다면 하나님을 바라보라.

2. 악이 아닌 선으로 점철된 삶을 사는 것이다

하나님을 닮은 인격이 그분의 백성들에게 실제로 어떻게 드러나야 하는가? 이 질문에 답하는 한 가지 방법은 성경에 나오는 명령과 사례들을 하나하나 살펴보는 것이다. 신약성경에 적힌 악덕과 미덕의 목록들을 조사하는 것이 더 빠를 수 있다. 이는 악함과 거룩함을 한눈에 볼 수 있도록 유용한 정보를 제공해준다. 다음은 악인을 특징짓는 악덕의 종류와 하나님 나라에 들어가지 못하는 사람들의 부류다.

- 마가복음 7:21-22 | 악한 생각, 음란, 도둑질, 살인, 간음, 탐욕, 악독, 속임, 음탕, 질투, 비방, 교만, 우매함.
- 로마서 1:24-31 | 더러움, 동성애, 모든 불의, 추악, 탐욕, 악의, 시기, 살인, 분쟁, 사기, 악독, 수군거림, 비방, 하나님을 증오함, 부모를 거역함, 우매하고, 배약하고, 무정하고, 무자비한 자.
- 로마서 13:13 | 방탕, 술 취함, 음란, 호색, 다툼, 시기.
- 고린도전서 6:9-10 | 음행, 우상 숭배, 간음, 남색하는 자, 도적, 탐욕을 부리는 자, 술 취하는 자, 모욕하는 자, 속여 빼앗는 자.

- 갈라디아서 5:19-21 | 음행, 더러운 것, 호색, 우상 숭배, 주술, 원수 맺는 것, 분쟁, 시기, 분냄, 당 짓는 것, 분열함, 이단, 투기, 술 취함, 방탕함과 또 그와 같은 것들.
- 골로새서 3:5-9 | 음란, 부정, 사욕, 악한 정욕, 탐심(곧 우상 숭배), 분함, 노여움, 악의, 비방, 너희 입의 부끄러운 말, 거짓말.
- 디모데전서 1:9-10 | 거룩하지 아니한 자, 망령된 자, 부모를 죽이는 자, 살인하는 자, 음행하는 자, 남색하는 자, 인신매매를 하는 자, 거짓말하는 자, 거짓 맹세하는 자와 기타 바른 교훈을 거스르는 자.
- 요한계시록 21:8 | 두려워하는 자, 믿지 아니하는 자, 흉악한 자, 살인자, 음행하는 자, 점술가, 우상 숭배자, 거짓말하는 모든 자.

반면 하나님의 백성들에게서 발견되는 미덕의 종류는 다음과 같다.

- 로마서 12:9-12 | 거짓 없는 사랑, 악을 미워하고 선에 속함, 형제 우애, 존경하기를 먼저 함, 부지런하여 게으르지 아니함, 열심을 품음, 주를 섬김, 소망 중에 즐거워함, 환난 중에 참음, 기도에 항상 힘씀, 성도들의 쓸 것을 공급하고 손 대접하기를 힘씀, 박해하는 자를 축복함, 즐거워하는 자들과 함께 즐거워하고 우는 자들과 함께 욺, 마음을 같이 함, 겸손하여 마음을 높은 데 두지 않고 도리어 낮은 데 처함, 존경할 만함, 모든 사람과 더불어 화목함, 악을 악으로 갚지 않고 선으로 악을 이김.
- 고린도전서 13:4-7 | 사랑, 오래 참음, 온유함, 시기하지 아니함, 자랑하지

아니함, 교만하지 아니함, 무례히 행하지 아니함, 자기의 유익을 구하지 아니함, 성내지 아니함, 악한 것을 생각하지 아니함, 불의를 기뻐하지 아니함, 진리와 함께 기뻐함, 모든 것을 참으며 모든 것을 믿으며 모든 것을 바라며 모든 것을 견딤.

- **갈라디아서 5:22-23** | 사랑, 희락, 화평, 오래 참음, 자비, 양선, 충성, 온유, 절제.
- **골로새서 3:12-15** | 긍휼, 자비, 겸손, 온유, 오래 참음, 서로 용납하여 피차 용서함, 사랑, 평강, 감사.
- **베드로후서 1:5-7** | 덕, 지식, 절제, 인내, 경건, 형제 우애, 사랑.

이와 같이 경건의 모습이 어떠해야 하는지 분명하게 보여주는 많은 공통 주제와 서로 일치되는 항목들이 나타난다. 매일 얼마나 기도해야 되는지, 혹은 가난한 자들에게 어느 정도의 돈을 주어야 하는지에 대한 세부적인 규칙들이 구체적으로 주어지지는 않는다. 그리스도인들은 종종 거룩함을 적극적 행동주의나 영적 훈련과 동일시한다. 적극적인 행동이 거룩함의 자연스러운 결과일 때가 많고, 영적 훈련이 거룩함을 진작시키는 데 필수적이긴 하다. 하지만 성경에서 말하는 경건의 유형은 보다 분명하게 우리 인격에 초점을 맞추고 있다. 죄를 벗어버리고 의로 옷 입는 것, 몸의 행실을 죽이고 그리스도로 덧입는 것, 오래된 표현으로 옛 자아는 죽이고 새 자아는 살리는 것이다.

비유를 사용하여 거룩함을 우리 신체의 성화로도 생각해 볼 수 있다.

하나님을 아는 지식으로 가득 차고 선한 것에 고정된 생각, 음란을 멀리하고 악을 보면 전율하는 눈, 진리를 말하고 수군거리고 비방하는 말이나 음탕하고 거친 말을 삼가는 입, 진지하고 확고부동하며 온유한 정신, 절망 대신 기쁨이, 성급함 대신 인내가, 분노 대신 친절함이, 교만 대신 겸손이, 시기 대신 감사가 가득한 마음, 한 남자와 한 여자 사이의 은밀한 한 몸 됨을 위해 간직된 순결한 성기, 낮은 곳에 처하며 무분별한 다툼과 분열, 방탕함을 멀리하는 발, 가난한 자를 돕는 데 빠르고 항상 두 손 모아 기도하는 손. 이것이 바로 거룩함의 해부학이다.

3. 선한 양심이다

우리는 양심에 대해 마땅히 생각해야 하는 것보다 적게 생각한다. 하지만 성경은 소위 '머릿속에서 속삭이는 목소리'에 대해 적지 않게 이야기한다. 칭의의 큰 축복 중 하나는 하나님 앞에서의 선한 양심이다. 즉 사탄의 고소는 어린양의 보혈로 잠재워진다(계 12:10-11; 롬 8:1; 슥 3:2). 그러나 하나님과 화목하게 된 이후에도 우리는 양심의 소리에 귀를 기울여야 한다. 로마서 2장 15절에 따르면, 우리 모두의 마음에는 율법이 새겨져 있어서 우리 안에 있는 양심의 생각들이 서로 고발하거나 변명한다. 또한 하나님이 양심을 통해 우리에게 말씀하시기 때문에 우리가 그 소리를 무시하면 커다란 위험을 자초하게 된다.

물론 양심에 오류가 없는 것은 아니다. 죄에서 떠나지 않는 악한 양심이나(히 10:22) 악을 악으로 느끼지 못하는 화인(火印) 맞은 양심도 있을 수 있다(딤전 4:2). 또 사실은 나쁜 것이 아닌데도 나쁘게 느끼는 약한 양심과(고전 8:7-12) 옳고 그름을 분간하는 능력을 상실한 더럽혀진 양심도 있다(딛 1:15).[30] 따라서 양심이 성경을 대신할 수 없고, 성경과 대립해서도 안 된다. 그럼에도 불구하고 선한 양심은 하나님으로부터 온 선물이다. 거룩함을 추구할 때 우리는 성경 말씀을 바탕으로 부드러운 양심을 통해 말씀하시는 하나님의 음성에 늘 귀 기울여야 한다. 그 양심이 우리를 시험에 들지 않게 하고 악에서 구해줄 것이다.

그리스도인의 양심이 깨끗해야 한다는 것은 중대한 문제다. 때문에 바울은 "나도 하나님과 사람에 대하여 항상 양심에 거리낌이 없기를 힘쓰나이다"(행 24:16)라고 말했다. 그는 종종 그의 양심이 증언하는 바를 들어서 자기의 자랑이요, 자신의 도덕적 성실함의 증거라고 말했다(롬 9:1; 고후 1:12, 4:2). 그와 같은 자기평가가 틀릴 수 있음을 인정했지만, 그럼에도 바울에게는 스스로 아무것도 자책할 게 없음을 깨닫는 것이 매우 중요했다(고전 4:4). 옳고 그름에 대한 우리 자신의 신념을 위반할 경우 우리는 행동 자체를 떠나 유죄가 된다. "믿음을 따라 하지 아니하는 것은 다 죄니라"(롬 14:23)라는 말은 곧 당신의 행동이 용인될 거라는 믿음이 없다면, 실제로 용인될 수 없다는 의미다.

예를 들어 당신이 음주가 잘못이라는 생각을 갖고 자랐다고 가정해보자. 맥주를 마시느니 차라리 세제를 마시겠다 할 정도로 음주는

---

30. Jerry White, *Honesty, Morality, and Conscience* (Colorado Springs: NavPress, 1996), pp. 35-41 참고.

절대 안 되는 일이라고 생각하는데, 지금 나가는 교회에서는 과음만 피한다면 음주는 죄가 아니라고 가르친다. 이런 상황에서 당신은 어떻게 해야 할까? 만약 당신이 적당량의 음주를 성경에서 허용한다고 확신한다면 자유롭게 마셔도 된다(딤전 5:23; 요 2:1-11 참고).[31]

하지만 그럼에도 여전히 꺼림칙하다면 마시지 말아야 한다. 즉 성경이 청신호를 보내는 것처럼 느껴지더라도 양심에 적신호가 켜지면 신중하게 판단해야 한다. 이런 이유로 고린도전서 8장과 10장, 로마서 14장에서 강한 양심을 가진 그리스도인들이 약한 양심을 가진 그리스도인들로 하여금 그들 양심에 거리끼는 일을 하게 하는 것에 대해 꾸짖는다. 어떤 문제에서 한번 양심을 범하게 되면(그 행동이 사회적으로 허용되는 것이라 하더라도) 다른 일에서도 양심을 어기는 습관이 생길 수 있다.

양심에 귀 기울이려고 노력했던 나 자신의 경험을 바탕으로 두 가지 예를 들어보겠다. 첫 번째는 영화, 두 번째는 연애 경험과 관련이 있다.

나는 그다지 영화를 좋아하지 않는다. 하루 저녁 여가 시간이 주어진다면 영화를 보러 가기보다 책을 읽거나 게임, 아니면 스포츠 경기를 시청하는 편이다. 이런 나와 달리 아내는 영화를 좋아한다. 주로 BBC 시대극이나 기타 무해한 영화들을 즐긴다. 하지만 가끔은 내가

---

31. 비록 나는 그리스도인들이 술을 마실 수 있다고 주장하는 사람 중 하나지만, 개인적으로는 술을 마시지 않는다. 어느 정도는 내가 약한 양심을 가지고 있기 때문에 애초에 술에는 손을 안 댄 면도 있을 것이다. 하지만 주된 이유는 술 냄새나 맛, 술병 모양을 별로 좋아하지 않기 때문이다. 내 친구들은 내가 입맛이 아주 까다로운 사람이라는 사실을 잘 알고 있다.

보기에 불편한 장면이 나오는 것들도 있다. 대체로 관능적이거나 성적인 장면들이다. 노출 정도가 그리 심하지 않아도 죄책감이 들기는 마찬가지다. 내가 남자라서 시각적으로 더 쉽게 유혹을 받는 것일까? 분명 그것도 한 가지 이유가 된다. 내가 점차 성화되어 가기 때문에 양심에 민감한 걸까? 잘 모르겠다. 내 양심이 찔린다고 해서 그것을 보는 사람이 전부 다 죄를 짓고 있다고 단정하지 않으려면 주의해야 한다. 그렇지만 스스로 양심에 가책이 된다면 보지 말아야 한다. 연약한 양심은 함부로 짓밟을 수 없는, 너무나 소중한 것이기 때문이다.

지난 몇 년간 배운 것이 하나 있다. 그것은 영화, TV, 음악 등과 같이 애매한 영역을 판단하는 가장 단순한 방법으로 다음과 같은 질문을 던지는 것이다. "나는 이것 때문에 하나님께 감사할 수 있는가?"[32] (범사에 감사하라고 하지 않았던가?)

얼마 전 아내와 나는 여름방학을 겨냥한 블록버스터 영화 한 편을 보기 위해 영화관을 찾았다. 그것은 꽤 재미있으면서도 12세 이상이 관람할 수 있는 영화였기 때문에 자극적이고 유해한 장면들이 거의 안 나올 거라 생각했다. 그런데 몇 장면이 아주 도발적이고 야했다. 영화를 다 본 후 나는 '내가 이 영화로 인해 하나님께 감사할 수 있을까?' 생각해보았다. 참고로, 나는 결코 분위기나 흥을 깨는 사람이 아니다.

---

32. 고린도전서 10:23-33 참조. 제리 브릿지는 크리스천의 자유에 관해 다음의 4가지 질문을 던졌다. "그것이 유익한가?", "그분의 능력 안에 거하게 하는가?", "다른 사람에게 피해를 주지 않는가?", "하나님을 영화롭게 하는가?" 〈The Pursuit of Holiness〉[Colorado Springs: NavPress, 2006], 88). 디모데전서 4:4-5도 함께 참조하라. "하나님께서 지으신 모든 것이 선하매 감사함으로 받으면 버릴 것이 없나니 하나님의 말씀과 기도로 거룩하여짐이라"

나름 잘 웃고 인생을 즐길 줄 안다. 하지만 우리가 즐기는 오락 대부분이 진심으로 무릎을 꿇고 "하나님, 이 좋은 선물을 주셔서 감사합니다." 라고 말할 수 있을 만한 것인지 의아하다. 한번 재고해봐야 할 문제가 아닐까?

또 다른 예는 데이트와 관련 있다. 연애할 때 아내와 나는 어느 선까지 스킨십을 해야 되는지를 두고 고민했다. 다른 커플들도 마찬가지겠지만 이 고민은 약혼 후에 더 심해졌다. 나는 평소 존경하던 몇몇 그리스도인에게 조언을 구했다. 그중에는 결혼한 사람도 있었고, 나처럼 약혼한 상태에 있는 사람도 있었다. 그들은 어느 정도가 선을 넘은 것인지에 대해 상충되는 조언을 했다. 잠자리까지는 안 된다는 데 이견은 없었지만 거기까지 가는 과정만 해도 생각할 것이 무궁무진했다. 그렇다면 그리스도인들은 어디서 선을 그어야 할까? 잠자리까지는 한참 못 미쳤음에도, 스킨십 문제에 있어 내가 그리 잘한 것은 아니라는 사실을 지금은 확실히 알고 있다. 최소한 아내와 나는 우리 양심을 거슬러 죄를 지은 것이다. 훨씬 더하고도 죄책감 하나 느끼지 않는 사람들이 있다는 사실은 중요하지 않다. 결혼 후에야 우리는 우리의 잘못을 분명히 알게 되었고, 나는 아내와 주님께 용서를 구했다.

결혼 전의 스킨십 문제에 있어서 나는 많은 그리스도인들이 스스로 그렇게 느끼든 느끼지 않든, 객관적으로 죄를 짓고 있다고 생각한다. 이 부분에 대해서는 뒤에서 좀 더 자세히 다룰 것이다.

확신이 들지 않는 선택, 아니 허용될 만한 선택이라 해도 뭔가 거리낌이 있다면 당신에게는 그것조차 죄가 된다는 것만 기억하기를 바란다. 그리스도인들은 양심이 잘못이라고 말하는 것을 스스로 위반해서도 안 되며, 다른 사람들이 위반하도록 강요해서도 안 된다.

4. 하나님의 명령에 순종하는 것이다

"하나님은 규범이 아니라 관계에 관심을 가지신다."라고 말하면 매우 영적인 것처럼 들린다. 하지만 성경적이지는 않다. 성경은 처음부터 끝까지 철저하게 명령들로 가득 차 있다. 그 명령들은 하나님과의 관계를 질식시키는 것이 아니라 그것을 보호하고 확정하고 정의해준다. 하나님이 이스라엘 백성들을 애굽에서 구해주신 것이 먼저고, 그 후에 율법을 주셨음을 잊지 마라. 하나님의 백성이 구원받은 것은 **율법을 지켜서**가 아니다. 오히려 **율법을 지키기 위해** 구원받은 것이다. "우리가 그의 계명을 지키면 이로써 우리가 그를 아는 줄로 알 것이요"(요일 2:3).

우리가 하나님을 얼마나 사랑하는지에 대해 하루 종일 아무리 떠들어도 그분의 계명을 지키지 않으면 거짓말하는 자요, 진리가 그 속에 있지 않은 사람이다(요일 2:4). 즉 우리가 예수님을 사랑한다면 그분의 말씀을 지킬 것이다(요14:23). 마찬가지로 당신이 아내를 사랑한다면 죽는 날까지 그녀만을 사랑하겠다는 서약을 지킬 것이다. 정절에 대한 요구는 부부관계의 가치를 떨어뜨리는 것이 아니라 오히려 그것을 증진시키고 확증한다. 이와 동일하게 하나님의 계명은 우리를 더욱 거룩하게 하고 하나님에 대한 우리의 사랑을 보여주는 은혜의 방편으로 주어진 것이다.

거룩함을 위한 규범은 율법, 특별히 십계명이다. 율법을 어떻게 보느냐 하는 문제에 대해(이 점은 다음 장에서 좀 더 언급하겠다) 그리스도인들이 언제나 일치된 생각을 갖는 것은 아니지만, 역사적으로 교회가 하나님의 백성, 특별히 아이들과 초신자들이 따라야 하는 가장 우선적인 지침으로 삼은 것이 십계명이었다. 수세기 동안 제자도(기독교 교리)의 근거로 삼아온 것은 사도신경과 주기도문과 십계명, 이 세 가지다. 사람들은 기독교 신앙의 기본을 알기 위해 이 세 가지를 배웠고, 거룩하게 살기 위해 십계명에 요약되어 있는 하나님의 법을 따랐다.

십계명을 생각하면 간혹 5세 아이들이 해야 되는 괴로운 암기 연습이 떠오를지 모른다. 하지만 출애굽기 20장의 "열 마디 말씀"(데칼로그)은 신약 윤리의 핵심이다. 예수님과 사도들에게 십계명은 언제 어디서나 모든 사람에게 적용될 수 있는 하나님의 도덕적 취지를 기본적으로 개괄해 주는 것이었다.[33]

부자청년이 예수님께 무엇을 해야 영생을 얻을 수 있는지 물었을 때 예수님은 "네가 계명을 안다"고 대답하시고는 소위 두 번째 계명에

---

33. 십계명의 중요성을 주장하는 그리스도인들 사이에서조차 안식일 계명의 중요성에 대해서는 의견 차이가 있다. 이 논쟁을 다루는 것은 이 책의 범위를 넘어선다. 다만 내가 지적하고 싶은 사실은 안식일을 문자 그대로 지켜야 하는 당위성이 폐지되었다고 해서 그 계명을 지키지 않아도 된다는 뜻은 아니라는 것이다. 즉 십계명의 네 번째 계명의 의미가 그리스도에 의해 새로워졌다는 말이다. 따라서 이제 우리는 토요일에 쉬는 것이 아니라, 우리 구원을 위해 그리스도 안에 안식함으로써(행위로써가 아니라) 안식일 계명을 지키게 되었다(히 4:9-10). Christopher John Donato, ed., *Perspective on the Sabbath: Four Views*(Nashville: B&H Academics, 2011) 참고.

속하는 명령들을 나열하셨다. 예수님이 언급하시지 않은 수평적 명령은 "탐내지 말라." 뿐이었다. 그렇게 하신 이유는 부자청년의 탐심을 폭로하시고 싶었기 때문이다. 예수님이 율법을 사용해서 말씀하신 이유는 무엇보다 죄를 깨닫게 하는 율법의 능력 때문이지만, 또한 이것을 통해 우리는 하나님의 뜻을 보여주는 핵심으로서의 십계명이 갖는 중요성을 알 수 있다(딤전 1:8 11 참고).

로마서 13장 9절에서도 동일한 사실을 보게 된다. 여기서 바울은 네 개의 계명과 그 외의 다른 계명을 언급한다. 놀라운 점은 8절에서 바울이 "피차 사랑의 빚 외에는 아무에게든지 아무 빚도 지지 말라 남을 사랑하는 자는 율법을 다 이루었느니라"고 말한다는 사실이다. 이어서 그는 십계명을 언급한다. 계명에 순종하는 것이 우리가 사랑의 법을 성취하는 길이며 거룩함의 핵심이 곧 사랑이다(롬 13:10). 그러므로 당신이 사랑에 마음을 쓰는 사람이라면 기꺼이 십계명을 지키려고 할 것이다.

5. 그리스도를 닮는 것이다

만일 거룩함이 우리 안에 하나님의 형상을 회복하는 것이라면 그것은 곧 그리스도의 형상을 닮는 것이라고 말할 수 있다. 왜냐하면 예수 그리스도는 보이지 아니하는 하나님의 형상이시요(골 1:15), 그 본체의 형상이시기 때문이다(히 1:3). 하나님이 우리를 구원하신 완전한 목적은 하나님의 아들의 형상을 본받게 하기 위함이다(롬 8:29).

예수 그리스도 안에서 우리는 거룩함이 무엇인지에 대한 가장 실제적이고 인간적인 최고의 모범을 발견한다. 그분은 우리가 따라야 하는 사랑의 모델(요 13:34), 겸손의 모델(빌 2:5-8), 시험을 극복하는 모델(히 4:15), 고난 중에 흔들리지 않는 믿음의 모델(벧전 4:1-2), 아버지 하나님께 대한 순종의 모델(요 6:38, 14:31)이시다. 이와 같이 우리는 그리스도 안에서 거룩함의 미덕이 하나도 빠짐없이 완벽하게 갖추어진 모습을 마주하게 된다. 그분은 언제나 온유하지만 약하지 않으시고, 담대하지만 무모하지 않으시며, 순결하되 위선이 없으시고, 자비하면서도 정의를 외면하지 않으시며, 진리 안에서 은혜를 저버리시지 않는 분이다. 그분은 모든 일에서 하늘 아버지께 순복했으며, 자기 양을 위해 모든 것을 주셨다. 부모에게 순종하고, 하나님의 법을 지키며, 원수들을 용서하셨다. 욕망에 사로잡히거나 탐욕을 부리거나 거짓말한 적이 한 번도 없으셨다. 십자가에서 생명이 끝나는 그 순간까지 예수 그리스도는 그분이 행하신 모든 일 속에서 전인격을 다해 하나님을 사랑했고, 이웃을 자신의 몸과 같이 사랑하셨다.

거룩함으로 향하는 길 어디에선가 십계명을 잊어버렸거나 성령의 열매가 기억나지 않고 하나님의 성품이 하나도 떠오르지 않을 때 오직 예수님의 이름을 기억하라. 그러면 거룩함의 본질이 무엇인지 금세 떠오를 것이다.

성경공부를
위한 질문들

| 3장 | 경건의 유형

1. 확정적 성화는 어떤 확신과 자신감을 가져다주는가?

2. 이전 세대의 교회들이 거룩함을 추구함에 있어서 잘못한 점은 무엇인가? 그리고 오늘날에는 어떤 실수들이 존재하는가? 그중 당신 자신이 거룩함을 이해하는 데 영향을 미치는 것이 있는가?

3. 이번 장에서 검토한 미덕과 악덕의 목록 중 당신의 삶에서 제거돼야 하는 악덕은 어떤 것인가? 그리고 계속 발전시켜 나가야 할 미덕은 어떤 것들인가?

4. 당신의 삶에서 "하나님, 이것을 주셔서 감사합니다."라고 말하기 힘든 것들은 무엇인가?

5. 십계명이 당신의 생활방식에 중요한 영향을 미치는가? 만일 그렇다면 어떻게 영향을 미치는가?

THE HOLE IN OUR HOLINESS

4 / 명령과 처방

지금보다 좀 더 날씬하고 근육도 탄력 있었을 때 나는 크로스컨트리 선수이자 육상 선수였다. 육상의 모든 종목을 한 번씩은 다 뛰어 보았으니, 굉장히 잘했거나 아님 굉장히 못했거나 둘 중 하나였을 거다. 특히 내가 좋아한 종목은 장거리달리기였다. 요즘 내가 하는 장거리달리기는 숨이 턱까지 차지 않도록 조심하면서 30분 정도 달리는 것을 말하지만, 고등학교와 대학교 때는 13킬로미터나 16킬로미터, 아니 20킬로미터까지도 줄곧 이야기하면서 달릴 수 있었다.

지금에야 고백하지만, 그때 친구들과 나눈 대화 중에는 어떻게 하면 그날의 연습 분량을 조금이라도 줄일 수 있을까 하는 것도 들어 있었다. 이를테면 나는 모퉁이 몇 개 빼먹는다고 대수냐는 식의 '말라기

육상학교' 소속이었다고 할 수 있다. 내 주특기는 원형 주차장 가로지르기였다. 그에 반해 내 친구 몇몇은 '과감하게 죄 짓기' 이론을 고수했다. 한번은 거름밭 두 개를 가로지르는 방법으로 달려야 할 거리를 거의 반이나 잘라먹은 적도 있다. 처음에는 샐러리 농장에서 중간 코스를 몽땅 건너뛰는 계획이 좋은 아이디어처럼 보였다. 하지만 거름밭을 가로지르는 데는 두 가지 문제가 있었다. 첫째, 거름이 발에 달라붙기 때문에 지름길로 달렸다는 사실이 금세 들통났다. 둘째, 거름을 밟고 달리는 것은 거의 불가능한 일이었다. 결국 그 길은 지름길이 아니었고, 친구들은 이렇다 할 성과도 없이 신발만 버리고 말았다.

이와 같이 정도(正道)가 최선의 길이라는 것은 우리 인생에서도 진리다. 하나님이 우리에게 계명을 주신 것은 우리가 완주할 수 있도록 도우시기 위함이지 빨리 가지 못하게 하시려는 게 아니다. C. S. 루이스는 『시편 사색』에서 여호와의 율법을 즐거워하는 것이 어떻게 가능한지 숙고했다. 율법에서 짜릿한 기쁨을 맛본다니 어떻게 그럴 수 있는가? 그런데 생각하고 또 생각하는 가운데 그는 시편 기자가 맛본 기쁨이 왜 말이 되는지 이해하게 되었다. C. S. 루이스는 이렇게 말했다. "그들이 율법에서 맛보는 기쁨은 마침내 확고부동한 것에 다다른 기쁨이다. 마치 보행자가 길을 잘못 들어서서 진흙탕에 빠져 오래 헤매다가 마침내 발밑에 단단한 땅의 감촉을 느낄 때의 기쁨과 같은 것이다."[34]

---

34. C. S. Lewis, *Reflections on the Psalms* (New York: Harcourt Brace Jovanovich, 1958), p. 62(이종태 역, 『시편 사색』, 서울: 홍성사, 2004).

그의 말처럼 율법은 좋은 것이다. 확고부동한 것은 좋은 것이기 때문이다. 하나님은 우리에게 자신의 길을 보여주시고, 우리를 인도하실 만큼 마음을 쏟으신다. 신이 존재한다는 건 알겠는데, 그분이 우리에게 무엇을 원하는지 모른 채 이 세상을 살아야 한다면 얼마나 끔찍하겠는가?[35] 그러므로 하나님의 율례는 우리에게 주어진 선물이다. 하나님이 우리에게 율법을 주신 것은 우리를 사랑하시기 때문이다.

율법이 아직도 유효한가?

나는 성경과 관련한 신학적 쟁점들 중 가장 어려운 문제가 바로 그리스도인의 삶에서 율법이 수행하는 역할이라고 본다. 어떤 면에서 그리스도인들은 율법이 아닌 은혜 아래 있다(롬 6:14, 7:6). 또한 모세의 율법은 우리를 그리스도께로 인도하는 초등교사에 지나지 않았다(갈 3:23-26). 그러나 다른 한편으로 우리는 율법이 거룩하고 의로우며 선하다는 것(롬 7:12), 하나님은 여전히 우리가 온전하며 최고의 법인 율법을 지키기 바라신다는 것을 알고 있다(약 1:25, 2:8). 우리가 "율법 아래"에 있지 않다고 말한 바울이 스스로 "그리스도의 율법 아래에" 있다고 말한다(고전 9:20-21). 그리스도인들은 종종 율법의 세 가지 기능을 언급한다. 죄를 깨닫게 하여 우리를 그리스도께로 인도하는 기능, 세상에서 악을 억제하는 기능, 주님의 뜻이 무엇인지 그 본질을 깨닫게 하는 기능

---

35. 이것은 내 친구이자 미국장로교회 소속 목사인 제이슨 헬로포울로스가 한 말이다.

이다. 이렇듯 율법은 거룩함에 대한 일종의 청사진 역할을 하고 있다. 일반적으로 그리스도인들은 처음 두 개의 기능에 동의한다. 논란이 되는 것은 세 번째 기능이 정당하고 주된 율법의 기능인가 하는 점이다.

나는 대학 개혁파교회의 목사다. 이 말은 곧 내가 세 번째 기능을 지지한다는 말이다. 그 이유는 율법에 대한 이러한 칼빈주의적 이해가 모든 개혁주의 신앙고백과 교리문답에 고스란히 담겨 있기 때문이다. 하지만 신자의 삶에 미치는 율법의 중요성을 인정하기 위해 꼭 신앙고백적 개혁파교회에 소속되어야 하는 것은 아니다.

어떤 그리스도인들은 지금도 율법이 거룩함을 위한 하나님의 도구로 작용한다고 생각한다. 반면에 어떤 그리스도인들은 율법이 더 이상 신약의 성도들에게 직접적인 유용성을 갖지 못한다고 본다. 그렇다고 양측이 항상 대립하는 것은 아니다. 율법의 중요성을 주장하는 편에서는 대개 직접적으로 적용 가능한 율법의 조항들과 간접적으로 적용 가능한 조항들을 구분한다. 대체로 도덕률(십계명 등)은 직접적인 규범으로 간주되지만 율법의 민사적·사법적 측면들은 모든 시대, 모든 사람에게 적용될 수 있는 기준을 지시해주는 것으로 여겨진다.[36]

반면 반드시 율법을 지켜야 하는 것은 아니라고 주장하는 편에서는 율법이 보편적으로 바른 도덕 원리를 포함하고 있다는 입장을 분명히

---

36. 웨스트민스터 신앙고백 19. 2-4 참고. 거기서는 내가 '지시해준다'(pointing)고 한 것을 '일반적인 형평법'(general equity)이라는 말로 표현하고 있다. 이와 유사하게 칼빈은 "율법 의식 전체를 진리에 상응하는 그림자와 모형이 아닌, 문자 그대로 받아들이는 것은 어리석기 짝이 없다." 라고 말한다(기독교강요 2. 7. 1).

밝힌다.[37]

양측 모두 율법이 구속사의 특별한 순간, 특정한 맥락에서 주어졌다는 점을 인정한다. 또 우리가 그리스도인으로서 어떻게 살아야 하는지에 대해 율법이 말해주는 부분이 존재한다는 점도 인정한다.[38]

이 모든 혼동을 초래하는 이유 중 하나는 성경에서 '율법'의 의미가 다양하게 사용되기 때문이다. 그것은 구약성경 전체나 토라(창세기부터 신명기까지 성경의 첫 5권), 혹은 모세율법을 지칭하기도 하고 단순히 하나님이 그의 백성에게 요구하시는 것을 뜻하기도 한다.[39] 따라서 우리가 율법의 정죄를 받거나 모세의 옛 언약에 매여 있다는 의미로는 "율법 아래에" 있지 않지만(고후 3:6; 히 8:13), 여전히 주님의 말씀과 우리 인생을 향한 그분의 뜻에 온전히 순종해야 한다는 면에서는 "율법 아래에" 있다고 할 수 있는 것이다(고전 9:21). 율법은 우리를 구원할 수 없다. 율법으로 구원받는다는 생각은 율법주의다. 그러나 모든 성경은 우리의 유익을 위한 것이며, 선한 일을 위해 우리를 준비시킨다

---

37. Thomas R. Schreiner, *40 Questions about Christians and Biblical Law* (Grand Rapids, MI: Kregel, 2010), p. 99 참고. "엄밀히 말해, 신자들이 율법의 세 번째 기능에 구속받는다는 생각은 잘못된 것이다. 왜냐하면 (모세) 율법 전체가 신자들에게 효력을 잃었다는 사실을 이미 살펴보았기 때문이다. 그럼에도 바울의 가르침이 신자들에게 하나님을 기쁘시게 하는 삶을 살도록 요구하는 권면들로 가득 차 있다는 사실로 미루어볼 때, 그 생각이 전적으로 잘못된 것은 아님을 알 수 있다. ······비록 구약의 율법이 문자 그대로 신자들을 구속하지는 못하지만 지금까지도 우리에게 적용될 수 있는 도덕적 원리, 양식, 기준들을 발견할 수 있다. 왜냐하면 구약성경이 하나님의 말씀이기 때문이다." Douglas J. Moo, *The Epistle to the Romans* (Grand Rapids, MI: Eerdmans, 1996), pp. 415–416 참고(손주철 역, 『NICNT 로마서』, 서울: 솔로몬, 2011).

38. *Five Views on Law and Gospel* (Grand Rapids, MI: Zondervan, 1999), 378–379쪽에서 빌렘 판게메렌이 더글라스 무에게 한 대답 참고.

39. Thomas R. Schreiner, *40 Questions about Christians and Biblical Law* (Grand Rapids, MI: Kregel, 2010), pp. 19–23.

(딤후 3:16-17). 그래서 우리는 성경이 무엇을 가르치든 믿어야 하고, 성경이 규례, 모범, 이야기, 노래 등으로 명령하는 것 또한 무엇이든지 행해야 한다.[40]

율법의 은혜

위의 마지막 문장, 즉 우리가 성경이 명령하는 것을 행해야 한다는 말에는 대부분의 그리스도인이 동의한다. 그러나 나는 한 단계 더 나아가기를 원한다. 나는 당신이 성경의 명령들을 당당하게 사랑하고, 거기에 뿌리내리는 것을 두려워하지 않기 바란다. 명령을 강조할 때 수반되는 위험을 잘 안다. 결국에는 복음이 사라지고 율법만 남아서 기독교 신앙이 좋은 소식은커녕, 유익한 조언만 주는 종교로 전락할 수 있다는 위험이다. 만약 율법은 죄를 깨닫게 하고 정죄하는 것이고 복음은 은혜를 베풀고 용서하는 것이라면, 율법의 좋은 점은 우리를 복음으로 인도하는 것밖에 없다. 그러므로 잘 생각해야 한다. 하나님 명령에 대한 순종을 이야기한다고 해서 결코 수준 낮은 그리스도인이 되지 않는다. 성경의 명령들을 지키라는 권면에는 반(反)복음적 요소가 전혀 들어 있지 않다. 하나님의 모든 명령은 그분의 자비하심 없이 존재하지 않는다. 오히려 정반대다. 율법의 모든 것이 은혜다.

---

40. John M. Frame, *The Doctrine of the Christian Life* (Phillipsburg, NJ: P&R, 2008), p. 178 참고. 물론 현재 우리에게 성경이 명령하는 것이 무엇인지 알기 위해서는 구속사의 흐름, 문화적 맥락, 기술(description)과 규정(prescription)의 차이 등에 주목할 필요가 있다.

우리는 보통 우리를 복음으로 이끄는 것이 율법이라고 생각한다. 맞는 말이다. 하나님의 기준이 무엇인지 알게 되면 우리의 죄를 깨닫게 되고, 그러고 나면 구세주의 필요를 깨닫게 된다. 그러나 복음이 율법으로 이어진다는 말도 사실이다. 출애굽기에 보면 하나님이 먼저 그 백성을 애굽에서 구출하신 후에 십계명을 주셨다. 로마서에서 바울은 1-11장에 걸쳐 값없이 주어진 주권적 은혜와 그리스도의 대속 사역을 자세히 설명한 후, 12-16장에서 이와 같은 은혜를 입은 자로서 우리가 어떻게 살아야 하는지 가르쳐준다. 또한 요한복음 4장에서 예수님은 사마리아 여인에게 영생하도록 솟아나는 샘물에 대해 말씀하신 다음, 그녀의 죄를 들춰내시고 영과 진리로 하나님께 예배할 것을 가르치신다. 나는 지금 엄격한 복음 전도의 공식 따위를 말하려는 것이 아니다. 다만 복음의 기쁜 소식이 하나님께 순종하게 하는 은혜로운 명령으로 자연스럽게 흘러간다는 사실을 보여주고 싶은 것뿐이다.

사랑의 법과 율법 사랑

어떤 그리스도인들은 사랑과 율법이 마치 상호배타적 개념인 것처럼 그 둘을 대립 관계에 놓는 실수를 범한다. 즉 사랑의 종교냐 율법의 종교냐 둘 중 하나인 것이다. 그러나 이와 같은 이분법은 매우 비성경적이다. '사랑'은 율법의 명령이다(신 6:5; 레 19:18; 마 22:36-40). 따라서 사람들에게 사랑하라고 명하는 것은 곧 율법을 가르치는 것과 같다. 반대로 율법이 중요하지 않다고 말하는 것은 사랑도 중요하지 않다는 것을 뜻한다. 왜냐하면 사랑은 율법의 핵심이기 때문이다. 더욱이 예수님이 사랑과 율법의 관계에 대해 말씀하신 밀접한 연관성을 생각해보라. 우리는 이미 예수님의 계명을 지키지 않는 것이 곧 예수님을 사랑하지 않는 것임을 살펴보았다(요 14:15). 그런데 예수님은 이보다 더한 말씀을 하신다. 예수님은 하나님과의 연합을 계명을 지키는 것과 연결시키신다. 예수님의 계명을 지키는 게 곧 그분을 사랑하는 것이고, 우리가 예수님을 사랑하면 아버지께서도 우리를 사랑하신다. 뿐만 아니라 아버지께서 사랑하시는 자를 예수님도 사랑하여 그에게 자신을 나타내실 것이다(요 14:21). 따라서 예수님의 계명을 지키지 않으면 그분의 사랑 안에 거할 수 없다(요 15:10). 그 말은 곧 거룩함을 추구하지 않으면 충만한 기쁨을 누릴 수 없다는 뜻이기도 하다(요 15:11).

율법은 하나님의 은혜와 그분의 성품을 드러낸다. 율법의 계명들은 하나님이 어떤 분인지, 무엇을 소중히 여기고 무엇을 싫어하시는지, 하나님이 거룩하신 것처럼 거룩하다는 것이 무슨 의미인지 가르쳐 준다. 규범을 싫어한다는 것은 곧 그 규범들이 자신의 성품을 반영하도록 정하신 하나님을 싫어한다는 말이다. 율법은 성화된 자기 백성이 자신과 교제할 수 있도록 마련해 놓은 하나님의 방법이다. 시편이 하나님의 계명과 관련된 기쁨의 선포로 넘쳐나는 이유가 바로 여기에 있다. 심지어 모세언약을 지키는 일에도 시편은 우리의 본보기가 된다. 복 있는 사람은 여호와의 율법을 즐거워하여 그 율법을 주야로 묵상한다(시 1:2). 여호와의 규례와 법도는 많은 순금보다 더 사모할 것이며 꿀과 송이꿀보다 더 달다(시 19:10). 물론 율법은 자연인으로 하여금 죄를 짓도록 부추길 수 있다(롬 7:7-11). 그럼에도 하나님의 백성들은 그분의 율례를 즐거워하며 율법에서 놀라운 것을 본다(시 119:18). 또한 그들은 흔들림 없이 그분의 율례를 지키기를 갈망한다(시 119:5). 성도의 눈에 율법은 여전히 진실하고 선하며, 소망과 위로요, 노래가 되는 것이다.

율법에 뿌리내리는 것을 두려워하지 말자. 칭의를 얻기 위한 수단이 아니라, 이미 의롭다 함을 받은 감사의 표현으로 하자. 설교가 무엇을 해야 한다는 말로 끝나는 것은 잘못이 아니다. 우리가 서로 순종을 격려하는 것도 부적절한 것이 아니다. 교회 안에서 율법주의가 문제라면, 율법폐지론도 마찬가지다. 최악의 경우라면 모를까 "은혜를 더하게 하려고 죄에 거하자"(롬 6:1 참고)고 실제로 말하는 사람을 본 적이 없다. 엄격히 말해 율법폐지론은 '율법 사절'이라는 말과 같다. 일부 그리스도인들에게는 거룩함을 추구하는 데 있어서 율법이 낄 자리가 없다.

17세기 영국의 한 율법폐지론자 목사에 대해 어떤 학자는 이렇게 말했다. "사람들에게 구원자의 필요성을 일깨워준다는 점에서 그는 율법이 쓸모 있다고 믿었다. 그럼에도 그리스도인의 삶에 관해서는 율법의 중요성을 거의 부여하지 않았다. 왜냐하면 그가 '값없는 은혜는 선행을 가르쳐주는 교사'라는 생각을 갖고 있었기 때문이다."[41]

값없이 주어진 은혜를 강조하는 것은 문제가 아니다. 문제는 선한

---

41. Peter Toon, *The Emergence of Hyper-Calvinism in English Nonconformity 1689-1765* (Eugene, OR: Wipf & Stock, 1967), p. 54. 여기서 지칭하는 사람은 토비아스 크리스프(1600-1643)다.

행동이 오로지 복음을 부지런히 강조해야만 흘러나올 것이라고 가정하는 데 있다. 설교자들을 위시한 많은 그리스도인이 계명을 어떻게 이해해야 하는지 갈피를 못 잡고, 직접적으로 순종에 대해 이야기하는 것을 두려워한다. 세상은 우리가 동성애 공포증을 갖고 있다고 생각할지 모르지만, 어쩌면 율법 공포증이 더 큰 문제일지 모른다.

아이러니한 것은 모든 당위를 더 온전히 복음을 믿으라는 명령으로 환원시킬 때, 복음은 우리가 바로잡아야 하는 또 하나의 문제로, 믿음은 우리가 더 잘해야 되는 유일한 것으로 변질된다는 사실이다. 우리가 참으로 믿기만 하면 순종은 저절로 따라올 것이다. 계명이나 노력이 무엇에 필요한가. 하지만 성경은 그렇게 결론 내리지 않는다. 단호하게 '그러므로'라는 단어를 사용한다. 첫째도 은혜, 둘째도 은혜, 셋째도 은혜. **그러므로** 이것저것은 피하고 이것저것은 꼭 해서 하나님의 계명을 지켜라. 선행은 항상 그리스도의 죽음과 부활의 복된 소식에 근거해야 하지만, 우리는 너무 자연스럽게 흘러나오는 것만 기대한 나머지 성령께서 주신 자원하는 심령으로 율법을 지키는 것이 값없이 받은 은혜에 대한 적절한 반응이라는 사실을 가르치지 않는다.

루터는 율법의 악용을 비웃을지언정 성도의 삶에서 나타나는 율법의 긍정적인 역할은 거부하지 않았다. 그는 "루터파 교회의 합의신조"(*Formula of Concord*)에서 다음과 같이 말했다. "우리는 율법을 설교하는 것이 부지런히 요구되어야 한다고 믿고, 가르치고, 고백한다. 비단 회개하지 않고 믿지 않는 자들에게뿐 아니라, 진정으로 회심하고 중생

받아 믿음으로 의롭다 함을 얻은 참 신자들에게도 마찬가지다."

설교자들은 당황하지 말고 율법을 설교해야 한다. 부모들은 부끄러워하지 말고 순종을 요구해야 한다. 참신자들에게 율법은 요구될 수 있고, 또 요구되어야 한다. 정죄하기 위해서가 아니라 바르게 하고 그리스도를 닮은 모습으로 더욱더 변화시키기 위해서다. 성경의 서술문과 명령문은 모두 우리의 유익을 위해 하나님이 은혜로 주신 것들이다.

동기를 유발하는 처방

그리스도인들이 율법에 관한 설교를 듣기 싫어하는 이유 중 하나는, 왜 율법에 순종해야 하는지에 대해 들어본 적이 없기 때문이다. 쏟아지는 명령들은 마치 엄청나게 많은 성경공부의 무게로 우리를 덮친다. 왜 하나님의 계명들을 지켜야 하는지 동기가 유발되지 않았기 때문이다. 모든 것이 "하나님이 말씀하셨다. 그러니까 해라."로 압축된다. 혹은 오직 감사만이 순종에 대한 정당한 동기가 될 수 있다고 말한다. "그리스도께서 당신을 위해 행하신 모든 일을 생각해보라. 이제부터는 감사하는 마음으로 선행이 흘러넘치게 하라." 두 가지 다 거룩함에 대한 참된 동기가 될 수 있다. 하지만 유일한 동기는 아니다.[42]

예수님은 위대한 의사다. 모든 훌륭한 의사들이 그렇듯 예수님도 각기 다른 질병에 대해 각기 다른 처방을 내리신다. 우리가 이미 저지른

---

42. 이 주제에 대해서는 6장에서 다시 언급하겠다. 특히 우리가 거룩함을 추구하는 것을 돕기 위해 하나님이 어떤 식으로 복음과 그 약속들을 사용하시는지 살펴볼 것이다.

죄에 대한 한결같은 치유책은 복음이다. 그러나 우리 안에 실재하는 죄성을 극복하는 것과 관련해서 예수님이 처방해주실 수 있는 약들은 무궁무진하다. 예수님은 저마다 가진 개성과 저지르는 죄의 종류, 상황이 천차만별임을 아신다. 때문에 특정한 상황, 특정한 죄에 직면해 있는 한 사람에게 적합한 방법이 다른 환경에 처한 누군가에게는 최선의 처방이 아닐 수 있다. 예수님은 우리 마음을 자극하는 처방약들을 많이 갖고 계신다. 그는 "얼음찜질하고 소염제 두 알 먹어."라고 말하는 고등학교 체육교사와 다르다. "콜레스테롤 수치가 높네요. 사혈합시다. 과민성 방광염이군요? 사혈 요법이 좋겠어요. 통풍이시네요? 사혈 몇 번 하면 말끔해지실 겁니다." 라고 하면서 걸핏하면 사혈 요법이나 권하는 돌팔이 의사도 아니다. 한 가지 희소식은 성경 말씀이 크고 다양한 지혜의 책이라는 사실이다. 그 속에서 당신은 하나님의 계명에 순종하도록 북돋는 다양한 처방을 발견할 수 있다.[43]

이제 거룩함을 추구하도록 이끄는 성경의 실례들을 살펴보자.

---

43. 하이델베르크 요리문답은 선을 행해야 하는 이유를 네 가지로 설명한다. 하나님이 행하신 일에 감사를 표현하기 위해, 우리를 통해 하나님이 영광 받으시기 위해, 열매를 통해 믿음의 확신을 얻기 위해, 우리의 경건한 삶을 통해 이웃을 그리스도께 인도하기 위해서다(Q/A 86). 존 오웬도 순종에 대한 몇 가지 복음적 근거들을 제시한다. 선행이 필요한 이유는 하나님이 그것을 정하셨기 때문이다. 우리의 거룩함은 하나님이 우리를 사랑하신 특별한 목적으로, 하나님의 영광을 높이기 위한 것이다. 우리의 순종으로 하나님이 영광과 찬송을 받으신다. 순종으로 우리가 영광과 화평을 누리며, 하나님께 쓰임 받는 일꾼이 된다. 우리의 순종은 죄인들을 책망하고 사람들을 회심시키며 세상에 유익을 가져다준다. 거룩함은 우리가 의롭게 되었다는 증거이자 양자됨의 보증이다. 우리의 순종은 감사를 표현하는 수단이다(Kelly M. Kapic and Justine Taylor ed., *Communion with the Triune God* [Wheaton, IL: Crossway, 2007], pp. 303–309). 프란시스 투레틴(Francis Turretin)은 그리스도의 죽음에서 파생될 수 있는 "성화의 주된 동기" 5가지를 언급한다. 죄의 심각성, 죄를 미워하시는 하나님, 형언할 수 없는 그리스도의 사랑, 우리에 대한 그리스도의 주재권, "우리로 죄에 대하여 죽고 의에 대하여 살게 하려" 하심(*Institutes of Elenctic Theology*, trans. George Musgrave Giger, ed. James T. Dennison, Jr., 3vols. [Phillipsburg, NJ: P&R, 1994], p. 2:692).

- **본분** | "일의 결국을 다 들었으니 하나님을 경외하고 그의 명령들을 지킬지어다 이것이 모든 사람의 본분이니라"(전 12:13).

- **모든 것을 아시고 모든 것을 보시는 하나님** | "하나님은 모든 행위와 모든 은밀한 일을 선악 간에 심판하시리라"(전 12:14).

- **이것이 옳다** | "자녀들아 주 안에서 너희 부모에게 순종하라 이것이 옳으니라"(엡 6:1).

- **우리의 유익을 위한 것** | "내가 네게 명령하는 이 모든 말을 너는 듣고 지키라 네 하나님 여호와의 목전에 선과 의를 행하면 너와 네 후손에게 영구히 복이 있으리라"(신 12:28).

- **하나님이 보여 주신 본보기** | "서로 친절하게 하며 불쌍히 여기며 서로 용서하기를 하나님이 그리스도 안에서 너희를 용서하심과 같이 하라"(엡 4:32).

- **그리스도께서 보여주신 본보기** | "그리스도께서 너희를 사랑하신 것같이 너희도 사랑 가운데서 행하라 그는 우리를 위하여 자신을 버리사 향기로운 제물과 희생제물로 하나님께 드리셨느니라"(엡 5:2).

- **확신** | "그러므로 형제들아 더욱 힘써 너희 부르심과 택하심을 굳게 하라 너희가 이것을 행한즉 언제든지 실족하지 아니하리라"(벧후 1:10).

- **열매 맺는 그리스도인이 되게 함** | "이런 것이 너희에게 있어 흡족한즉 너희로 우리 주 예수 그리스도를 알기에 게으르지 않고 열매 없는 자가 되지 않게 하려니와"(벧후 1:8).

- **예수님의 재림** | "이 모든 것이 이렇게 풀어지리니 너희가 어떠한 사람이 되어야 마땅하냐 거룩한 행실과 경건함으로 하나님의 날이 임하기를 바라보고

간절히 사모하라 그날에 하늘이 불에 타서 풀어지고 물질이 뜨거운 불에 녹아 지려니와"(벧후 3:11-12).

- **이 세상은 우리 집이 아니다** | "사랑하는 자들아 거류민과 나그네 같은 너희를 권하노니 영혼을 거슬러 싸우는 육체의 정욕을 제어하라"(벧전 2:11).
- **이웃의 마음을 얻는다** | "너희가 이방인 중에서 행실을 선하게 가져 너희를 악행한다고 비방하는 자들로 하여금 너희 선한 일을 보고 오시는 날에 하나님께 영광을 돌리게 하려 함이라"(벧전 2:12).
- **나라의 위상을 높이기 위해** | "공의는 나라를 영화롭게 하고 죄는 백성을 욕되게 하느니라"(잠 14:34).
- **공공의 선을 위해** | "너희는 세상의 소금이니 소금이 만일 그 맛을 잃으면 무엇으로 짜게 하리요"(마 5:13).
- **기도가 막히지 않도록** | "남편들아 이와 같이 지식을 따라 너희 아내와 동거하고 그를 더 연약한 그릇이요 또 생명의 은혜를 함께 이어받을 자로 알아 귀히 여기라 이는 너희 기도가 막히지 아니하게 하려 함이라"(벧전 3:7).
- **죄는 무익하다** | "너희 중에 누가 염려함으로 그 키를 한 자라도 더할 수 있겠느냐"(마 6:27).
- **죄는 어리석다** | "나의 이 말을 듣고 행하지 아니하는 자는 그 집을 모래 위에 지은 어리석은 사람 같으리니 비가 내리고 창수가 나고 바람이 불어 그 집에 부딪치매 무너져 그 무너짐이 심하니라"(마 7:26-27).
- **장래의 은혜를 약속하셨다** | "그런즉 너희는 먼저 그의 나라와 그의 의를 구하라 그리하면 이 모든 것을 너희에게 더하시리라"(마 6:33).

- **장래의 심판을 약속하셨다** | "내 사랑하는 자들아 너희가 친히 원수를 갚지 말고 하나님의 진노하심에 맡기라 기록되었으되 원수 갚는 것이 내게 있으니 내가 갚으리라고 주께서 말씀하시니라"(롬 12:19).

- **장래의 심판을 두려워하라** | "우리가 진리를 아는 지식을 받은 후 짐짓 죄를 범한즉 다시 속죄하는 제사가 없고 오직 무서운 마음으로 심판을 기다리는 것과 대적하는 자를 태울 맹렬한 불만 있으리라"(히 10:26-27).

- **기업의 보증** | "너희가 갇힌 자를 동정하고 너희 소유를 빼앗기는 것도 기쁘게 당한 것은 더 낫고 영구한 소유가 있는 줄 앎이라"(히 10:34).

- **성도의 교제** | "이러므로 우리에게 구름같이 둘러싼 허다한 증인들이 있으니 모든 무거운 것과 얽매이기 쉬운 죄를 벗어버리고 인내로써 우리 앞에 당한 경주를 하며"(히 12:1).

- **타인들의 좋은 본보기** | "하나님의 말씀을 너희에게 일러주고 너희를 인도하던 자들을 생각하며 그들의 행실의 결말을 주의하여 보고 그들의 믿음을 본받으라"(히 13:7).

- **타인들의 나쁜 본보기** | "이러한 일은 우리의 본보기가 되어 우리로 하여금 그들이 악을 즐겨 한 것같이 즐겨 하는 자가 되지 않게 하려 함이니"(고전 10:6).

- **우리는 선한 일을 위해 지음 받았다** | "우리는 그가 만드신 바라 그리스도 예수 안에서 선한 일을 위하여 지으심을 받은 자니 이 일은 하나님이 전에 예비하사 우리로 그 가운데서 행하게 하려 하심이니라"(엡 2:10).

- **하나님은 주인, 우리는 종** | "이와 같이 너희도 명령 받은 것을 다 행한 후에 이르기를 우리는 무익한 종이라 우리가 하여야 할 일을 한 것뿐이라 할지니라"

(눅 17:10).

- **주를 두려워하라** | "우리는 주의 두려우심을 알므로 사람들을 권면하거니와" (고후 5:11).

- **하나님의 사랑** | "사랑하는 자들아 하나님이 이같이 우리를 사랑하셨은즉 우리도 서로 사랑하는 것이 마땅하도다" (요일 4:11).

- **하나님을 나타내기 위해** | "어느 때나 하나님을 본 사람이 없으되 만일 우리가 서로 사랑하면 하나님이 우리 안에 거하시고 그의 사랑이 우리 안에 온전히 이루어지느니라" (요일 4:12).

- **은혜에 감사함으로** | "그러므로 형제들아 내가 하나님의 모든 자비하심으로 너희를 권하노니 너희 몸을 하나님이 기뻐하시는 거룩한 산 제물로 드리라 이는 너희가 드릴 영적 예배니라" (롬 12:1).

- **하나님의 영광을 위해** | "너희 몸은 너희가 하나님께로부터 받은 바 너희 가운데 계신 성령의 전인 줄을 알지 못하느냐 너희는 너희 자신의 것이 아니라 값으로 산 것이 되었으니 그런즉 너희 몸으로 하나님께 영광을 돌리라" (고전 6:19-20).

- **하나님의 성품** | "나는 여호와 너희의 하나님이라 내가 거룩하니 너희도 몸을 구별하여 거룩하게 하고" (레 11:44).

- **하나님의 역사** | "나는 너를 애굽 땅, 종 되었던 집에서 인도하여 낸 네 하나님 여호와니라 너는 나 외에는 다른 신들을 네게 두지 말라" (출 20:2-3).

- **하나님을 기쁘시게 하기 위해** | "오직 선을 행함과 서로 나누어주기를 잊지 말라 하나님은 이 같은 제사를 기뻐하시느니라" (히 13:16).

- **사단의 올무를 피하기 위해** | "분을 내어도 죄를 짓지 말며 해가 지도록 분을 품지 말고 마귀에게 틈을 주지 말라"(엡 4:26-27).

- **영원한 상급을 위해** | "선을 행하고 선한 사업을 많이 하고 나누어주기를 좋아하며 너그러운 자가 되게 하라 이것이 장래에 자기를 위하여 좋은 터를 쌓아 참된 생명을 취하는 것이니라"(딤전 6:18-19).

- **모든 권세가 그리스도께 있으므로** | "하늘과 땅의 모든 권세를 내게 주셨으니 그러므로 너희는 가서 모든 민족을 제자로 삼아 아버지와 아들과 성령의 이름으로 세례를 베풀고 내가 너희에게 분부한 모든 것을 가르쳐 지키게 하라"(마 28:18-20).

- **그리스도를 향한 사랑** | "너희가 나를 사랑하면 나의 계명을 지키리라"(요 14:15).

- **충만한 기쁨** | "내가 아버지의 계명을 지켜 그의 사랑 안에 거하는 것 같이 너희도 내 계명을 지키면 내 사랑 안에 거하리라 내가 이것을 너희에게 이름은 내 기쁨이 너희 안에 있어 너희 기쁨을 충만하게 하려 함이라"(요 15:10-11).

- **하나님의 은총을 경험하기 위해** | "선인은 여호와께 은총을 받으려니와 악을 꾀하는 자는 정죄하심을 받으리라"(잠 12:2).

- **그리스도와의 연합** | "만일 우리가 그의 죽으심과 같은 모양으로 연합한 자가 되었으면 또한 그의 부활과 같은 모양으로 연합한 자도 되리라 우리가 알거니와 우리의 옛 사람이 예수와 함께 십자가에 못 박힌 것은 죄의 몸이 죽어 다시는 우리가 죄에게 종 노릇 하지 아니하려 함이니"(롬 6:5-6).

목록이 끝없어 보인다. 하지만 이것은 새 발의 피다. 하나님은 그냥 심심해서 순종을 명하시는 분이 아니다. 하나님은 우리가 거룩해야 하는 구체적인 이유들을 아주 많이 말씀해주신다. 하나님은 우리 마음을 다스릴 수 있는 다양한 약을 처방하실 수 있다. 음란물과 씨름할 때는 그리스도 안에 있는 우리의 정체성을 상기시켜 주시거나 음행하는 자들이 하나님 나라에 들어가지 못한다는 말씀으로 꾸짖으실 것이다. 교만과 싸우고 있는 중이라면, 하나님이 겸손한 자에게 은혜 베푸신다는 사실을 확인시켜 주시거나 우리가 따르는 분이 십자가에 못 박히신 메시아라는 사실을 깨닫게 하실 것이다. 또는 양자됨, 칭의, 그리스도와의 화해나 연합 등을 역설하실 수도 있다. 경고와 약속, 사랑과 두려움, 긍정적이거나 부정적인 본보기로 당신에게 사랑과 선행을 격려하실 수도 있다. 때로는 당신이 예전에 어떤 사람이었는데 지금은 어떠한지, 앞으로 어떤 모습으로 변해 갈지 보여주실 수도 있다. 당신과 다른 사람들 안에 있는 선한 의지나 하나님 자신의 영광에 호소하실지도 모른다. 이런 식으로 찾다보면 우리가 거룩해야 하는 이유를 성경에서 수백 개도 넘게 발견할 수 있을 것이다. 그러므로 더 빨리 찾아보고 적용할수록 좋다. 그래야 그만큼 더 무장된 마음으로 죄와 싸울 수 있을 것이고, 더 부지런히 그리스도를 닮아가기 위해 애쓸 것이며, 결국에는 사도요한과 함께 "그의 계명들은 무거운 것이 아니로다"(요일 5:3)라고 고백하게 될 것이다.

성경공부를
위한 질문들

| 4장 | 명령과 처방

1. 당신은 여호와의 율법을 즐거워하는가? 당신은 율법이 하나님의 은혜가 표현된 것이라 보는가? 그렇게 생각하는 이유는 무엇인가?

2. 이번 장에 열거된 거룩함의 동기 중 당신에게 가장 효과적인 "명약"은 무엇인가?

3. 거룩해지려는 갈망을 북돋는 이유 중 교회 안에서, 혹은 설교를 통해 좀처럼 들어보지 못한 것은 무엇인가? 왜 그렇다고 생각하는가?

4. 당신이 현재 씨름하고 있는 죄를 한 가지 떠올려보라. 이번 장에 제시된 성경적 처방들 중에서 당신으로 하여금 그 죄를 죽이고 거룩함을 추구하도록 북돋아주는 것은 어떤 것인가?

THE HOLE IN OUR HOLINESS

5 / 하나님을 기쁘시게 하는 거룩

목회의 커다란 기쁨 중 하나는 장로님들과 함께 사역하는 것이다. 나와 함께 사역하는 우리 교회 리더들은 점잖은 게 무엇인지, 성숙한 경건이 어떤 건지 보여주기에 아주 훌륭한 표본이 되는 분들이다. 자주 있는 일이지만, 아무리 힘든 문제를 의논해야 하는 날도 나는 항상 모임이 기다려진다. 일은 즐겁고, 의견들은 날카롭고, 교제는 달콤하다. 게다가 늘 쿠키와 도넛이 준비되어 있다.

또한 그들은 경건하기 때문에 겸손하다. 겸손이란 덕목은 디모데전서 3장과 디도서 1장에서 보듯 감독의 자질을 거론할 때 빠지는 법이 없다. 장로나 장로가 되기 위해 교육을 받는 사람들은 하나같이 자신이 신약성경이 말하는 기준에 미치지 못한다고 느낀다. 필요한 자격

조건들이 모두 훌륭하지만, 결국에는 도달하지 못할 이상처럼 보인다.

이런 식의 반론들이 나올 때 나는 어느 정도 그들 생각에 동의하면서도 완전히는 아니라는 뜻을 전달하려고 노력한다. "나는 늘 온유한 사람이 아니야. 자주 다투기도 했어. 내가 바라는 만큼 친절하지도 않고, 가정을 잘 보살피는 것도 아냐."라고 스스로 인정하는 것은 잘못이 아니다. 아무도 완벽하지 않다. 따라서 그런 면에서 성경이 말하는 거룩함에 도달할 수 있는 사람은 아무도 없다. 장로도, 목사도, 존 스토트나 빌리 그레이엄도 마찬가지다. 그런데도 우리는 왜 장로의 자격 요건을 만족시키려면 절대적으로 완벽해야 한다고 생각하는 것일까? 이 조건들을 만족시키는 사람들이 분명히 있을 거라고 생각했기 때문에 바울이 이런 지침을 주었던 것은 확실하다. 하지만 그는 죄 없는 메시아들을 요구하지 않았다. 다만 교회 안에 바울이 말한 자질을 가진 사람 몇 명이 있기를 기대했을 뿐이다.

우리 주변에는 분명 우리가 보기에 거룩한 사람들이 있다. 차마 우리 스스로에 대해 그런 말을 입에 담지는 못하지만 말이다. 어떤 면에서 그것은 칭찬받을 만한 겸손이다. 자기의 거룩함이 얼마나 탁월한지 떠벌리고 싶어서 안달이 난 사람을 만나는 일은 결코 달갑지 않다. 그럼에도 불구하고 이런 식의 신중함으로는 경건에 이르는 것이 불가능하다. 이것은 율법을 단 한 가지도 지킬 수 없다는 식의 비성경적인 결론으로 이어지기 쉽다. 우리 자신이 얼마나 경건한지에 대해 겸손한 마음을 갖는 것과 경건이 불가능한 일이라고 생각하는 것은 별개의 문제다. 진실을 말하자면, 완벽하게는 아니지만 진정으로 하나님을 기쁘시게 해드릴 만큼 의롭게 되는 것은 하나님의 백성들에게 얼마든지 가능한 일이다.

복음을 단순화시키는 태도

선한 의도에도 불구하고 우리는 하나님과 함께하는 삶의 역동성을 억지로 짜내기 위해 성경이 말하는 성화의 개념을 단순화하는 우를 범한다. 우리 자신의 끊임없는 죄악을 인정하고 은혜의 복음을 강조하려고 애쓰다가, 하나님께 순종하는 게 가능하다는 것과 하나님이 우리 선행을 기뻐하신다는 사실을 깡그리 잊어버리는 것이다. 그러다 결국 다음과 같은 믿음을 갖기에 이른다.

나는 구제불능의 영적 낙오자지만, 감사하게도 예수님이 나 같은 실패자를 구원하시기 위해 이 땅에 오셨어! 0.001초도 하나님 말씀에 순종할 수 없고, 하나님을 전심으로 사랑한 적도, 이웃을 내 몸같이 사랑한 적도 없는 사람이 바로 나야. 심지어 내가 한 옳은 행동조차 더러운 누더기에 불과해. 내 속마음을 드러내 보여줄 수 있다면 남들만큼, 아니 남들보다 더 새카말 거야. 나는 뼛속까지 어그러진 영적 저능아인데다가 신실하신 하나님을 늘 배반하지. 하지만 다행인 것은, 예수 그리스도의 죽음과 부활로 말미암아 하나님이 나를 구원하셨다는 사실이야. 나는 용서받고 깨끗해져서 이제 그분의 양자가 되었어. 나의 행동이 나를 향한 하나님의 사랑을 더 많아지게 하거나 더 적어지게 할 수는 없어. 계속해서 죄를 짓더라도 하늘 아버지를 결코 실망시키지 않아. 왜냐하면 그분은 나를 보면서 동시에 자기의 사랑하는 아들의 의를 보시기 때문이지. 정말 복된 소식이야!

"그래서 뭐가 문제라는 거죠?" 어쩌면 당신은 눈을 동그랗게 뜨고 이렇게 물어볼지 모르겠다. 물론 죄를 자백하고 예수 그리스도의 의를 붙드는 일반적인 말로 듣는다면 전적으로 훌륭하고 옳은 말이다. 이런 말을 들었다면 제일 먼저 나는 복음의 은혜를 이토록 강력하게 들려주신 것으로 인해 하나님께 감사할 것이다. 하지만 누군가 좀 더 심사숙고해 주기를 요청한다면 이 말이 그리 철저한 사고에서 나온 것이 아님을 경고할 것이다. 신학이 철저하지 못할 때 종종 불이익을 당하는 것은 다름 아닌 그리스도인의 삶이다. 이 경우에는 신학적인 모호함이 개인적인 거룩함을 추구하고자 하는 열정에 찬물을 끼얹을 가능성이 크다.

가능성을 상상하라

온 맘으로 개인적인 거룩함을 추구하기 위해 제일 먼저 우리가 가져야 할 것은 거룩함이 가능하다는 확신이다. "나는 내 인생에서 단 0.001초도 하나님께 순종할 수 없는 존재다." 라고 말하면 겸손한 것처럼 들린다. 하지만 거룩함이 평범한 그리스도인과 거리가 먼 것처럼 생각하는 것은 스가랴나 엘리자베스와 같은 사람들에 대한 성경의 평가를 제대로 인정하지 않는 것이다. 성경은 그들에 대해 "이 두 사람이 하나님 앞에 의인이니 주의 모든 계명과 규례대로 흠이 없이 행하더라"(눅 1:6)라고 말한다. 하나님이 욥을 "온전하고 정직하여 하나님을 경외하며 악에서 떠난 자"라고 칭찬하셨다는 사실 또한 진지하게 생각해야 한다. 바울도 그의 교회들과 동역자들의 순종과 경건을 자주 칭찬했다. 거룩함이 하나님의 백성들이 도달할 수 있는 가능성으로 보이는 매우 확실한 이유다.

마찬가지로, 예수님은 지혜로운 사람은 그분의 말을 듣고 행하는 자라고 가르치신다(마 7:24). 야고보도 같은 말을 했다(약 2:22-25). 하나님 말씀을 행하는 것이 단지 머릿속으로만 가능하다는 내용은 성경 어디서도 찾아볼 수 없다. 반대로, 우리는 모든 민족을 제자 삼아 예수님이 분부한 모든 것을 가르쳐 지키게 하라는 명령을 받았다(마 28:19-20).

하나님은 그리스도인이 음행하는 자, 우상 숭배하는 자, 도적이나 탐욕을 부리는 자라는 오명을 쓰기보다(고전 6:9-11) 사랑, 희락, 화평과 같은 미덕을 두루 갖추기 바라신다(갈 5:22-23). 그리스도인은 습관적인 죄에 빠져 옴짝달싹 못하면 안 된다(요일 3:4). "이러므로 하나님의 자녀들과 마귀의 자녀들이 드러나나니 무릇 의를 행하지 아니하는 자나 또는 그 형제를 사랑하지 아니하는 자는 하나님께 속하지 아니하니라"(요일 3:10).

하나님은 우리가 거룩하기 바라실 뿐 아니라, 거룩해질 수 있도록 우리에게 은혜를 주신다. 결국 선한 일을 위해 우리를 지으신 것도 하나님이시요(엡 2:10), 자기의 기쁘신 뜻을 위하여 우리에게 소원을 두고 행하게 하시는 분도 하나님이 아닌가(빌 2:13). 선한 사업을 많이 하는 것은 가능한 일이다(딤전 6:18; 행 9:36). 부르심 받은 일에 합당하게 행하는 것도 가능하다(엡 4:1). 우리는 하나님이 기뻐하시는 거룩한 삶을 살도록 변화될 수 있다(롬 12:1-2).

보잘것없는 순종일지라도

거룩함이 가능하다는 사실이 성경에 그토록 명확한데도 왜 우리에게는 그것이 잘 믿어지지 않는 것일까? 가장 큰 이유는 아마도 우리가 순종과 완벽함을 결부시키기 때문일 것이다. 부르심에 합당하게 행하라는 말이 절대 게으르거나 욕심 부리거나 화를 내면 안 되고, 좋은 일을 할 때 순수하지 않은 동기가 조금도 섞여서는 안 된다는 뜻이라면 거룩해지는 것은 당연히 불가능하다. 마찬가지로 하나님을 기쁘시게 하는 거룩함의 의미가 성경에서 말하는 덕목을 하나도 빠짐없이, 흠잡을 데 없이 완벽하게 갖추어야 하는 것이라면 거룩해지려고 시도하는 것 자체가 시간 낭비다. 그러나 우리 자신이나 다른 사람에게 완벽한 것을 기대하는 것은 거룩함과 상관없다.

하나님께 순종하는 데 하루가 너무 짧다고 느낀 적이 있는가? 나는 늘 그렇다. 나는 "○○하지 말라"는 명령에는 별로 신경을 쓰지 않는다. 너무 당연하기 때문이다. 살인하지 않기 위해 억지로 시간을 낼 필요가 없다. 오히려 훌륭한 아빠, 최고의 남편, 멋진 기도의 용사, 대단한 복음 전도자, 헌신적인 사회 활동가가 되기 위해 애쓰고 집중한다. 항상 좀 더 기도할 걸, 좀 더 전도할 걸, 좀 더 봉사하고 나누어줄 걸 하는 마음이 든다는 말이다. 그러나 하나님은 끝없는 죄책감에서 벗어나기 위해 우리가 모든 일에 최고가 되어야 한다고 말씀하시지 않는다. 2장에서 살펴본 것처럼, 중요한 것은 예수 그리스도를 닮아가는 것이다.

당신은 "좋은 말이지요. 하지만 제 성격 모르시잖아요? 뜯어고쳐야 될 점들이 꽤 있다고요."라고 말할지 모른다. 어떤 마음인지 안다. 나 역시 이만하면 충분히 친절하고 자상했고 충분히 기뻐했다고 느껴본 날이 하루도 없다. 그런 날이 하루라도 있다면 나는 거룩함과 완전히 담을 쌓았거나, 이미 천국에 가 있거나 둘 중 하나일 것이다.

하나님은 우리의 선행이 참으로 선해지기 위해 흠이 하나도 없어야 한다고 말씀하시지 않는다. 하나님이 자녀들로부터 완벽한 순종만을 받으신다면 성경은 욥이나 다윗이나 엘리자베스, 아니 예수님 말고는 누구도 칭찬하지 않을 것이다. 나는 선행에 대해 웨스트민스터 신앙고백에 나오는 말을 좋아한다. 이 땅에서의 성화는 결코 완전할 수 없다. 우리 안에는 늘 부패의 잔재가 남아 있기 때문이다. 하지만 거룩하게 하시는 성령의 능력으로 말미암아 참 신자들은 은혜 안에서 성장하게 될 것이다. 우리의 선행이 하나님께 열납되는 이유는 그것이 하나님 앞에 흠 없고 책망할 것이 없어서가 아니다. 비록 흠과 티가 많지만

예수 그리스도로 말미암아 하나님이 우리의 진정한 순종을 기쁘게 받으시기 때문이다.[44]

하나님이 우리 안에 역사하셔서 순종하게 하시는 것도 은혜요, 우리의 불완전한 순종이 하나님 보시기에 합당한 것으로 여겨지는 것 또한 은혜다. 때문에 가장 보잘것없는 순종일지라도 축하받을 가치가 있다. 우리가 우리 안에 있는 선한 것을 잘 보지 못하는 것은 자신이 과거에 얼마나 형편없는 존재였는지 깨닫지 못하기 때문일지 모른다. 당신의 티끌만 한 영적 생명도 그것이 영적으로 죽어 있던 마음에서 나온 것임을 깨닫는 순간, 더 이상 시시하게 느껴지지 않을 것이다. 당신과 내가 하나님의 법을 지키려는 마음과 행동을 털끝만치라도 보인다는 사실 자체가 하나님의 은혜가 빚어낸 기적이다.

"더러운 옷"인가, 범사에 기쁘시게 하는 것인가?

많은 그리스도인이 자신의 의로운 행동을 누더기에 불과한 것으로 여긴다. 이사야 64장 6절도 그렇게 말하는 것처럼 보인다. 우리가 행하는 최선의 행위가 더럽고 무익할 뿐이라고 말이다. 하지만 나는 이사야서에서 말하는 것이 그런 뜻이라고 생각하지 않는다. 이사야가 염두에 둔 '의'는 참된 믿음과 전적 순종이 결여된 채 드려온 이스라엘의 형식적인 제사를 뜻한다. 이사야 65장 1-7절에서 여호와 하나님은

---

44. 이 마지막 세 문장에서 말한 내용은 각각 웨스트민스터 신앙고백 23.3, 26.6에 해당한다.

이스라엘의 가증한 제사를 거부하신다. 이런 제사는 하나님께 모독이요, 그 코에 연기와 같다. 마치 이사야 58장에서 안으로는 가난한 자들을 압제하면서 겉으로만 형식적인 순종을 보인 것이 하나님의 마음을 움직이지 못한 것처럼 말이다. 그들 스스로 의롭지 않았기 때문에 그들의 의는 "더러운 옷"(사 64:6)과 같았다. 그들은 허울뿐인 가짜요, 교묘하게 불신앙과 불순종을 감추고 있는 위선자들이었던 것이다. 그렇지만 우리의 모든 "의"가 하나님 앞에 더러운 옷 같다고 생각해서는 안 된다. 실제로 바로 앞 절에서 "주께서 기쁘게 공의를 행하는 자와 주의 길에서 주를 기억하는 자를 선대하시거늘"(사 64:5)이라고 말한다. 하나님의 백성들이 하나님을 기쁘시게 하는 의로운 행동을 하는 것은 불가능한 일이 아니다. 존 파이퍼는 책을 통해 다음과 같이 말했다.

> 때때로 사람들은 마치 하나님을 기쁘시게 하는 것이 불가능한 것인 양, 인간의 모든 의를 폄하하는 말을 서슴지 않는다. 그들은 우리의 의가 더러운 옷 같다고 한 이사야 64장 6절의 말씀을 자주 인용한다. 십자가 이전이든 이후든, 우리에게 전가된 그리스도의 온전한 의가 아니고서는 하나님의 백성 그 누구도 완전무결하시고 거룩하신 하나님께 용납되지 못했을 것이다(롬 5:19; 고전 1:30; 고후 5:21). 그렇다고 해서 하나님이 (십자가 전과 후에) "의롭다 함을 받은" 사람들 안에 "더러운 옷"과 같지 않은, 실제적인 의의 열매를 거두시지 않는다는 뜻은 아니다. 하나님은 우리를 통해 의의 열매를 거두신다. 이러한 의는 하나님께 소중할 뿐 아니라

우리에게 요구되는 것이기도 하다. 다만 우리를 의롭다 하는 근거로서가 아닌(그 근거는 오직 그리스도의 의다), 우리가 진정으로 하나님의 의롭다 하심을 얻은 자녀 된 증거로서 말이다.⁴⁵

의롭게 되는 것이 가능하다는 성경의 가정과 기대를 무시하는 것은 위험하다. 물론 우리의 의가 결코 하나님의 진노를 누그러뜨릴 수 없다. 우리에게는 그리스도의 의가 필요하다. 더 나아가 우리 자신의 힘으로는 의의 열매를 맺을 수 없다. 그럼에도 거듭난 신자로서 우리가 받은 은혜로 말미암아 하나님을 기쁘시게 하는 것은 가능하다. 모든 선한 일에 열매를 맺고 하나님을 아는 데 자라가는 사람들은 범사에 하나님을 기쁘시게 할 수 있다(골 1:10). 우리 몸을 산 제물로 하나님께 드릴 때 하나님이 기뻐하신다(롬 12:1). 믿음이 약한 형제를 배려하는 것(롬 14:18), 부모에게 순종하는 것도 하나님을 기쁘시게 한다(골 3:20). 거짓 없는 마음으로 복음을 전하는 것(살전 2:4), 위정자들을 위해 기도하는 것도 하나님을 기쁘시게 한다(딤전 2:1-3). 어려움에 처한 가족과 친척을 돌보는 것(딤전 5:4), 다른 사람들과 나누는 것도 하나님을 기쁘시게 한다(히 13:16). 하나님의 계명을 지키는 것도 하나님을 기쁘시게 하는 일이다(요일 3:22). 한마디로 하나님은 믿고 순종하면 기뻐하신다.⁴⁶

---

45. John Piper, *Future Grace* (Siters, OR: Multnomah, 1995), p. 151(차성주 역, 『장래의 은혜』, 서울: 좋은씨앗, 2007).
46. Sam Storms and Justin Taylor, ed., *For the Fame of God's Name:Essays in Honor of John Piper* (Wheaton, IL: Crossway, 2010), p. 277에 있는 Wayne Grudem, "Pleasing God by Our Obedience" 참고.

우리 생각에는 어떤 행동을 하든지 도덕적으로 잘못될 수 있다는 의심의 눈초리로 바라보는 게 영적 민감함의 표시인 것처럼 보인다. 하지만 성경이 생각하는 의는 다르다. 더 중요한 것은 이러한 일종의 영적 체념이 하나님에 대한 진실을 말해주지 않는다는 점이다. A. W. 토저는 이렇게 말했다.

> 오늘날 선량한 그리스도인들이 겪는 엄청난 불행은 하나님을 올바로 이해하지 못한 데서 비롯되었다. 한 치의 실수도 용납함 없이 기대치만 높고 엄한 아버지의 감시 하에 침울하고 단조롭게 십자가만 지고 가는 삶이 그리스도인의 삶인 것처럼 여겨지는 것이다. 그들에게 하나님은 엄하고, 까다롭고, 심하게 변덕스러워서 기쁘게 해드리는 것이 거의 불가능한 분처럼 보인다.[47]

이런 식으로 하나님을 바라보는 것은 있을 수 없는 일이다. 우리가 믿는 하나님은 변덕쟁이 노예 감독자가 아니다. 과민하신 분도, 별 것 아닌 잘못에 불같이 화내시는 분도 아니다. 그분은 노하기를 더디 하시고 인자와 진실이 많으신 분이다(출 34:6). 토저는 우리에게 "하나님은 만족시키기 힘든 분일지 모르지만 기쁘게 해드리기 어려운 분은 아니다."[48] 라고 상기시켜 준다.

---

47. A. W. Tozer, *The Best of A. W. Tozer*, Volume 1 (Grand Rapids, MI: Baker, 1978), p. 121.
48. Ibid.

왜 우리는 하나님을 눈물겹도록 순종하려는 우리의 노력에 눈 하나 깜짝하지 않는 분으로 상상하는 것일까? 그분은 우리의 하늘 아버지가 아니신가? 도대체 어떤 아빠가 딸이 직접 만든 생일카드를 보고 색깔 배합이 엉망이라고 투덜거린단 말인가. 도대체 어떤 엄마가 주차장 청소를 즐겁게 마친 아들에게 페인트 상자를 다른 선반에 올려 두었다는 이유로 "아무 도움도 안 되는군." 이라고 말한단 말인가. 자기 아이가 처음 자전거를 타다가 넘어졌는데 눈을 치뜨며 야단칠 부모가 도대체 어디 있단 말인가.

우리를 하나님과 화목하게 하는 의는 예수 그리스도의 의밖에 없다. 그러나 오직 은혜를 통해, 오직 믿음으로 말미암아 하나님과 화목하게 되어 하나님 가족의 일원이 된 사람들에게는 그들의 의가 하나님 앞에 더러운 옷 같지 않을 뿐 아니라 너무나 달콤하고 소중한 것이며 하나님께 큰 기쁨이 된다.

도덕 등가법칙의 위험

성화와 관련하여 이번 장에서 해결해야 할 두 가지 오해가 있다. 첫째는 모든 죄가 하나님 앞에 똑같다는 잘못된 생각이다. 이런 정서가 많은 그리스도인들 사이에 만연하고 있다. 어떤 사람들에게는 이것이 진정한 겸손의 표시다. "나 역시 하나님의 진노를 받아야 마땅한 존재인걸요. 그러니 어떻게 당신의 잘못을 판단할 수 있겠어요?" 또 어떤 사람들에게는 이것이 분명하게 잘못이라고 말해야 할 죄에 대한 비난을 피하는 방법이다. "맞아요, 나는 동성애가 잘못이라고 생각해요. 그렇다고 해서 유독 더 나쁜 죄라고 할 수는 없지요." 그리고 어떤 사람들에게 이것은 단지 완화된 상대주의에 불과하다. "당신도 알다시피 유리로 된 집에 사는 사람들에게 돌을 던지면 안 돼요" (자신도 약점이 있으면서 남을 비난해서는 안 된다는 속담- 역주).

많은 격언이 그렇듯, 하나님 앞에 모든 죄가 같다는 말도 완전히 틀린 말은 아니다. 모든 죄는 하나님의 거룩한 법을 어기는 것이며, 한 가지 계명을 범하면 모두 범한 자가 된다(약 2:10). 따라서 무한하신 하나님을 거스른 모든 죄는 형벌을 받아야 마땅하다.

우리는 모두 태어날 때부터 죄인이며 한 명도 빠짐없이 죄를 짓는다. 모든 죄는 사망에 해당한다. 때문에 우리가 귀가 닳도록 들어온 이 말이 반쯤은 맞는 말이다.

반면 진실에서 벗어난 것 또한 사실이다. R. C. 스프로울의 말처럼 "죄의 점진성(gradation of sin)은 중요하며 우리가 꼭 유념해야 하는 개념이다. 그래야만 우리가 **죄**(sin)와 **가증한 죄**(gross sin)의 차이를 이해할 수 있다."[49] 우리의 모든 죄는 하나님을 모욕하고 그분의 용서를 필요로 한다. 그러나 성경은 특히 더 나쁜 죄들에 대하여 여러 번 가르친다.

---

49. R.C. Sproul, *The Holiness of God* (Carol Stream, IL: Tyndale, 1998), p. 206(김진우 역, 『하나님의 거룩하심』, 서울: 생명의말씀사, 1995). 강조 표시는 그가 한 것임. 또한 웨스트민스터 대요리문답 제150문답 참고(*Westminster Larger Catechism*, Q/A 150). 거기에 따르면, "하나님의 법을 어기는 모든 죄가 똑같이 가증스러운 것은 아니다. 어떤 죄는 그 자체로, 그리고 몇 가지 가중된 심각성으로 인해 다른 죄들보다 하나님 보시기에 더 가증스럽다." 그 다음 문답은 그 가중된 심각성이 어떤 것들인지 자세히 설명한다.

- 하나님은 이스라엘 백성에게 약속의 땅을 허락하시기까지 400년을 기다리셨다. 왜냐하면 아모리 족속의 죄악이 가득 차지 않았기 때문이다(창 15:16). 그들은 줄곧 죄인이었지만, 마침내 그들의 죄악이 끔찍한 벌을 받아야 될 날이 이르렀다.
- 모세의 율법은 각각의 위반 사항에 대해 각기 다른 형벌을 규정하며 각기 다른 제사와 보상을 요구한다.
- 민수기 15장은 부지중에 저지른 죄와 고의로 범한 죄의 차이를 분명히 보여준다(민 15:29-30). 누군가 엄지손가락을 망치로 내리쳤을 때 욕을 내뱉는 것은 하나님을 향해 가운데 손가락을 쳐드는 것처럼 나쁜 잘못은 아니다(물론 둘 다 하지 말아야 한다).
- 이스라엘 역사상 몇몇 죄는 다른 것보다 더 극악한 것이었다. 하나님의 격노로 미루어 보건대, 자기 자녀를 몰렉에게 바치는 것은 그들에게 화를 내는 것보다 더 죄질이 나쁜 것으로 보인다(렘 32:35).
- 예수님은 심판의 날에 어떤 사람들이 더 가혹한 심판을 받게 될 것이라고 암시하셨다. 왜냐하면 그들이 믿을 만한 증거들을 더 많이 받았기 때문이다(마 10:15). 우리는 우리가 받은 진리의 빛에 비례하여 심판 받게 될 것이다.
- 선행으로 구원받을 수 없지만, 그럼에도 고넬료는 경건하여 하나님을 경외하는 사람이었다(행 10:2). 그리스도인이 아닌 사람들 사이에서조차 고상한 인격을 지녔느냐, 비열하고 부패한 건달 같은 사람이냐의 차이가 존재한다.

그렇다면 무엇이 문제인가?

모든 죄를 똑같이 여길 경우, 아예 어떤 죄와도 싸우려 하지 않을 가능성이 농후하다. 어차피 내 안의 탐욕이 없어지지 않을 거라면 여자친구와 성관계를 갖지 말아야 할 이유가 어디 있는가? 내 삶의 한 가지 죄가 하나님 앞에서는 오사마 빈 라덴과 히틀러를 합친 것을 의미한다면 굳이 왜 거룩함을 추구해야 하는가?

다시 말하지만 더 악한 죄가 존재하지 않는 것처럼 행동하는 것이 겸손해 보일지 몰라도 도덕 등가법칙이라는 미끄럼틀 아래로 굴러 떨어지는 상황에서는 죄와 싸우려는 의지, 그리고 서로에게 책임을 물을 수 있는 능력이 사라진다. 그러다 보면 의류업체 카탈로그에 나오는 선정적인 여자모델들 사진에 눈길이 가는 유혹과 싸우는 교회 장로가 난잡한 성생활을 즐기는 젊은 남자에게 감히 교회적인 권징을 행사할 수 없는 사태에 이른다.

여러 가지 죄나 그 죄를 지은 사람들, 또 국가의 이러저러한 죄의 차이를 인식하지 못한다는 것은 곧 우리 자신의 죄를 제대로 평가하는 데 실패했다는 것을 뜻한다. 이는 하나님의 선하심을 값싼 것으로 전락시킨 것과 다름없다. 우리가 가진 법제도도 모든 불법적인 죄를 똑같은 방식으로 다루지 않는데, 하물며 하나님이 어떤 죄악이 다른 죄악보다 더 가증스럽다는 사실을 모르실 리 있겠는가? 만일 그 차이를 찾아낼 수만 있다면 우리는 어떻게든 하나님이 가장 혐오하시는 죄악들부터 먼저 뿌리 뽑으려고 애쓰게 될 것이다.

참자녀의 기쁨

우리가 풀어야 할 두 번째 오해는 용서받고 의롭다 함을 입어 하나님과 화목하게 되고 양자가 된, 중생한 신자들이 과연 하나님을 화나게 할 수 있느냐 하는 문제다. 그럭저럭 맞는 것 같은 논리가 제시된다. "이제 나는 그리스도의 의로 옷 입었어요. 나를 하나님의 사랑에서 끊을 수 있는 것은 아무것도 없지요. 때문에 내가 무슨 짓을 하든 하나님은 나를 순결하고 흠 없는 당신의 자녀로 바라봐 주십니다." 그리스도 예수 안에 있는 자에게 결코 정죄함이 없는 것은 사실이지만(롬 8:1), 그렇다고 해서 우리가 어떤 생각을 하든, 무슨 행동을 하든 하나님이 다 눈감아 주신다는 말은 아니다. 법적 의미로 하나님이 그리스도 안에서 우리 죄를 간과하시는 것은 사실이지만 그것을 못 보시는 것은 아니라는 말이다.[50] 성경은 하나님이 당신의 백성이 죄짓는 것을 싫어하신다고 매우 분명하게 이야기한다. 우리는 하나님의 성령을 근심하게 할 수 있다(엡 4:30). 그리스도 안에서 하나님은 늘 우리를 위하시지만, 우리에게는 여전히 예수님이 책망하시는 죄가 있을 수 있다(계 2:4). 하나님이 자기 자녀들을 징계하신다는 사실은 때로 그들을 못마땅해 하실 수 있다는 것을 보여준다(히 12:7).

---

50. John Flavel, *A Blow at the Root of Antinomianism*(1691) 참고. 플라벨은 당대의 율법반대론자들이 범한 오류를 10가지로 정리한다. 거기에는 다음과 같은 것들이 포함된다. "하나님은 신자들이 어떤 죄를 짓든지 그들 안에서 죄를 보시지 않으신다."(오류 5), "하나님은 택함 받은 자들에게 노하지 않으시며, 그들이 지은 죄 때문에 그들을 벌하지도 않으신다."(오류 6), "신자들은 자기 자신의 죄나 다른 사람들의 죄로 인해 두려워할 필요가 없다."(오류 7). 이상은 인터넷 http://www.truecovenanter.com/gospel/flavel_blow_at_the_root.html(2011년 7월 11일에 접속함)에 나와 있다.

반대로 하나님이 자기 자녀들을 징계하신다는 것은 우리를 교정해 주실 정도로 사랑하신다는 것도 의미한다. 하나님이 우리의 죄를 주목하신 적이 없다면 징계하지도 않으실 것이다. 또 징계하지 않고 내버려 두신다면 우리는 사생자요 친아들이 아니다(히 12:8). 사랑은 결코 무조건적인 긍정이 아니다. 사랑이라는 단어 속에는 우리에게 유익한 것을 끈질기게 추구한다는 의미가 포함되어 있다. 우리의 유익은 항상 우리가 더욱더 경건해지는 것이다. 따라서 예수님은 라오디게아 교회에 "내가 사랑하는 자를 책망하여 징계하노니 그러므로 네가 열심을 내라 회개하라"(계 3:19)라고 말씀하셨다.

어쩌면 다음과 같은 신학적 구분이 도움이 될지 모르겠다. 믿음을 통해 우리는 그리스도와 한 몸으로 연합한 자가 되었다. 그 결속은 절대 끊어지지 않는다. 우리와 그리스도와의 연합은 내주하시는 성령의 보증으로 말미암아 영원히 확고부동한 기정 사실이다. 우리가 죄를 범할 때 위험에 처하는 것은 그리스도와의 연합이 아니라, **교제**(communion)다. 성도는 하나님의 은총을 더 많이 받을 수도 있고 적게 받을 수도 있다. 또 하나님과 친밀한 교제를 누릴 수도 있고 하나님의 찡그린 얼굴을 대면할 수도 있다. 이때의 찡그린 얼굴은 심판 날과 같은 찡그림이 아니라 우리에게 사랑과 선행을 격려하시는(히 10:24), "우리를 위한" 찡그림이다.[51]

---

51. Sam Storms and Justin Taylor ed., *For the Fame of God's Name:Essays in Honor of John Piper* (Wheaton, IL: Crossway,2010), pp. 283–292에 있는 Wayne Grudem, "Pleasing God by Our Obedience" 참고.

나는 하나님이 당신의 자녀들을 끔찍이 사랑하심에도 불구하고 그들에게 "무서우리만치 진노" 하실 수 있다고 한 존 칼빈의 말이 좋다. 하나님은 절대 우리를 미워하지 않으신다. 그러나 "우리의 나태함을 떨치시기 위해" 자비롭지만 무서운 진노로 우리를 겁주신다.[52]

하나님의 징계는 우리의 유익을 위함이며 우리가 그의 거룩하심에 참여하게 하시기 위함이다(히 12:10). 웨스트민스터 신앙고백에 따르면, 영원히 확고부동하며 완전히 의롭다 하심을 입은 자들은 "순간순간의 죄로 인해 아버지가 자식에게 갖는 노여움을 살 수도 있고, 겸손히 뉘우치고 죄를 자백하며 용서를 구함으로써 믿음이 새롭게 되기 전까지 하나님의 임재를 느끼지 못할 수도 있다"(웨스트민스터 신앙고백 11.5).

순종의 주된 동기 중 하나는 하나님을 기쁘시게 하려는 마음이다. 우리가 의롭게 된 것이 영원불변의 사실임을 축하하려는 순수한 노력이 하나님께서 더 이상 우리의 죄를 상관하지 않으시는 것처럼 보이게 만든다면, 전심으로 거룩함을 추구하려는 의지가 꺾일 수 있다. 하나님은 우리의 하늘 아버지시다. 그리고 은혜로 우리를 양자 삼으셨고 참자녀가 된 우리를 변함없이 사랑해 주실 것이다. 하지만 우리가 그분의 참자녀들이라면 하나님을 기쁘시게 하려는 마음을 갖는 것이 당연하다. 하나님을 기뻐하는 것과 하나님이 우리를 기뻐하신다는 것을 아는 것 모두가 우리의 기쁨이 되어야 한다.

---

52. *Institutes* 3.2.12.

깨끗한 양심

어쩌면 당신은 거룩해지는 것이 정말 가능할 거라는 기대감을 가지고 이 장을 읽기 시작했을지 모른다. 우리의 의로운 행동 대부분이 헛되지 않음을 알게 된 것은 기분 좋은 안도감을 준다. 그런데 다시 당신의 삶 전체가 하나님께 실망만 주고 있는 것은 아닌지 슬슬 걱정되기 시작하면서 만화 "곰돌이 푸우"의 등장인물인, 꼬리가 없어지거나 나무로 쌓아 올린 집이 무너질까 봐 늘 고민하는 당나귀 이요르 모드로 되돌아왔다. 나는 당신이 계속 낙담하지 않기를 바란다. 죄는 깨달아야 하지만 낙담은 금물이다. 우리는 성령을 근심하게 할 수 있다(엡 4:30). 그러나 그리스도인이 가져야 하는 정상적인 마음 상태는 하나님의 은총을 찬양하며 즐거워하는 것이다(여기서 말하는 은총은 건강, 재물, 성공 등이 아니다).

나는 이 책에서 청교도에 대해 많이 언급했다. 그들이 거룩함을 추구하는 게 무엇인지 가장 확실하게 보여주기 때문이다. 물론 최악의 경우, 청교도주의가 지나친 자기성찰과 불필요한 양심의 가책으로 치우치게 될 가능성이 있다는 것도 인정한다. 모든 선행 이면에 숨어 있는 마음의 우상 한두 가지를 찾아내는 것은 그리 어렵지 않은 일이다. 장기간 우상 사냥에 길들여져서 뭐가 하나라도 죄책감이 들지 않으면 안심하지 못하는 그리스도인들도 있다. 때문에 나는 이따금씩 우리 교회 성도들에게 "설교 들을 때마다 양심의 가책을 느끼지 않으셔도 됩니다. 여러분 중 일부는 이 부분에서 실제로 믿음과 순종의 삶을 살고 있습니다."라고 말해준다. 물론 완벽하게는 아니지만 진실하고 성실하게 말이다.

고린도후서 마지막에 바울은 고린도교회 교인들에게 "너희는 믿음 안에 있는가 너희 자신을 시험하고 너희 자신을 확증하라"(고후 13:5)라고 도전한다. 많은 사람이 이 말을 우리가 참신자인지 밝혀내라는 엄한 경고로 받아들이기도 한다. 우리 중 몇몇에게는 따끔한 경종이 필요한 것이 사실이다. 하지만 "너희 자신을 시험하라"고 한 바로 다음에 바울이 뭐라고 말하는지 주목하라. "예수 그리스도께서 너희 안에 계신 줄을 너희가 스스로 알지 못하느냐" 이것은 소위 지극히 큰 슈퍼 사도라고 하는 자들이 고린도교회 교인들에게 바울이 사역자로서 부적격하다며 바울을 공격하던 상황이다(고후 11:1-15). 그에 대한 반응으로 바울은 교인들에게 그들 자신을 확증하라고 말하는 것이다. "여러분, 제가 여러분의 목사가 맞습니까? 여러분은 그리스도인이 맞습니까? 여러분 자신을 시험해보십시오. 그러면 여러분이 믿음 안에 있는 자들이며 지금까지 제가 여러분에게 신실한 종이었음을 알게 될 것입니다." 바울이 고린도교회 교인들에게 스스로를 시험하라고 도전한 것은 **그들이 그 시험에 통과할 것을 알았기 때문이다.**

바울이 한 모든 말 중 고린도전서 4장 4절이 가장 충격적이다. 죄인 중의 괴수요, 의인은 없나니 하나도 없다고 말한 바로 그가 고린도교회 교인들을 향해 "내가 자책할 아무것도 깨닫지 못한다"고 말하고 있지 않은가. 진심으로? 정말 아무것도 생각이 안 난단 말인가? 열 겹으로 쌓인 무의식 어딘가에 파묻혀 있는 단 한 개의 우상도 발견할 수 없단 말인가?

자, 다음 구절을 놓치지 말자. "(그러나) 이로 말미암아 의롭다 함을 얻지 못하노라 다만 나를 심판하실 이는 주시니라." 이와 같이 바울은 스스로 괜찮다고 느끼면 괜찮은 거라고 주장하지 않았다. 다만 스스로 양심이 결백하다고 말하는 것뿐이다. 그는 하나님께 순종하고 그분의 말씀을 굳게 붙든다. 그렇다고 완벽하다는 뜻은 아니다. 그 역시 모든 불의에서 깨끗하게 하실 하나님 앞에 매일매일 자신의 죄들을 가지고 나갈 게 분명하다(요일 1:8-9; 마 6:12). 그럼에도 불구하고 늘 스스로 영적 실패자라고 느끼며 살지는 않았다. 자기가 하는 일이 흡족하지 않거나 점심식사 중에 교만이 올라오는 듯한 약간의 죄책감 때문에 마음이 눌리지는 않는다는 말이다.

그런 자유함의 비결이 무엇일까? 하나님은 절대 판단하지 않으실 거라 믿으며 긍정적 사고, 혹은 긍정적 감정의 힘을 끌어 모으기만 하면 되는 것일까? 바울이 그렇게 한 것일까? 아니다. 바울이 가진 확신은 그의 성품과 직결된다. 거룩함은 그의 전반적인 생활 방식이었다. 또한 하나님을 경외하는 자로서 그는 하나님과 좋은 관계를 맺고 있었다. 데살로니가전서 3장 13절에서 말하는 것이 바로 이것이라고 생각한다. "너희 마음을 굳건하게 하시고 우리 주 예수께서 그의 모든 성도와 함께 강림하실 때에 하나님 우리 아버지 앞에서 거룩함에 흠이 없게 하시기를 원하노라."

여기서 바울이 말하는 것은 신분에 근거한 거룩함이 아니라 점진적인 거룩함이다. 그래서 12절에서 "너희도 피차간과 모든 사람에 대한 사랑이 더욱 많아 넘치게" 하여주시기를 간구하는 것이다. 결코 하나님만큼 완전무결하게 거룩할 수 없지만, 그럼에도 하나님의 자녀인 우리는 거룩해야 한다. 그리스도인들은 일관된 순종의 삶을 보여야 하며, 불순종했을 때마다 깨끗함을 얻기 위해 끊임없이 하나님 앞으로 나아가야 한다. 그래야만 우리가 거룩함에 흠이 없는 굳건한 자로 서게 될 뿐 아니라 고린도전서 4장에서 바울이 가진 동일한 확신을 누리게 될 것이다.

성경은 거룩함이 가능하다고 분명하게 가르친다. 좋은 소식이다. 결코 나쁜 소식이 아니다. 이것은 은총의 증거를 삶 속에서 발견할 수 있다는 말이다. 당신은 순종할 수 있고 또한 순종해야 한다. 이 땅에 살면서 절대 완벽할 수 없고 어떤 행위로도 하나님의 사랑을 얻어낼 수 없을 것이다. 하지만 구속받고 중생한 하나님의 자녀로서 더 이상 영적 낙오자로 살아야 할 이유가 없다. 하나님의 자비하심으로 말미암아 당신의 "몸을 하나님이 기뻐하시는 거룩한 산 제물로" 드릴 수 있게 된 것이다. 이것이 바로 당신이 드릴 영적 예배다(롬 12:1).

성경공부를
위한 질문들

|5장| 하나님을 기쁘시게 하는 거룩

1. 거룩함을 추구하는 과정에서 어떤 식으로든 방해받은 경험이 있는가? 그 경험을 이야기해보라.

2. 성경이 의롭게 되는 것이 가능하다고 가르치고 당신이 정말로 선을 행할 수 있으며 하나님을 기쁘시게 할 수 있다는 말을 들을 때 당신의 마음은 어떠한가? 놀라운가? 격려가 되는가?

3. 성경을 읽거나 설교를 듣거나 신앙서적을 읽으면서 죄를 깨달았던 경험뿐 아니라 믿음생활에서 조금씩 나타나는 성장과 "작은 승리"들로 인해 힘을 얻어본 적이 있는가?

THE HOLE IN OUR HOLINESS

6 / 성령의 동력, 복음의 추진력, 믿음의 연료로 달려가라

경기가 끝난 후의 인터뷰만큼 별 의미 없는 일도 드물다. 경기 후의 인터뷰가 모두 별로라는 말이 아니니 오해하지 않기 바란다. 어떤 선수들이나 코치들의 말은 꽤 통찰력이 있다. 몇몇 인터뷰를 보면서 나는 침착함과 겸손함이란 바로 저런 거구나 하고 느꼈다.

하지만 대부분의 경우, 나는 경기 종료 30초 만에 뭔가 독창적이고 통찰력 있는 생각이 떠오를 것이라 기대하지 않는다. 흔히 말하는 결코 포기하지 않았다느니, 항상 자기 자신을 믿었다느니, 110퍼센트의 노력을 쏟아부었다느니, 선수들에게 모든 공을 돌린다느니 하는 말들이 쏟아질 거라 예상된다.

설상가상으로 인터뷰 진행자들이 하는 질문들도 별 의미 없기 십상이다. "미드필드에서 패스를 받아 세이프티를 미끄러지듯 지난 다음 골라인을 향해 돌진하셨는데, 그때 무슨 생각을 하셨는지 말씀해주시죠."

그 순간에 슬롯 리시버(slot receiver, 미식축구의 공격수 포지션-역주)가 도대체 무슨 생각을 할 것 같은가? 아마도 '더 빨리 뛰어.' 정도? 그 순간 갑자기 도스토예프스키의 작품을 분석할 리는 없지 않은가.

경기 전 인터뷰도 별다르지 않다. 침착하고 여유롭게 경기하겠다, 물 흐르듯 자연스레 경기하겠다, 이번 경기에만 몰두하겠다, 그 외 혁신적인 전략들을 이야기하는 게 보통이다. 이런 말이 잘못됐다는 건 아니다. 가끔은 의미 있는 생각이 전달되는 경우도 있다.

하지만 이런 말들이 남발되다보니, 너무 진부하고 판에 박힌 말처럼 들려 거의 아무 내용도 전달하지 못하게 되었다. 스포츠 역사상 어떤 팀이 산만하고 조급한 마음으로 경기해야겠다고 다짐하고 시작한단 말인가.

안타깝게도 그리스도인들 역시 이처럼 일반론만 반복하는 우를 범하곤 한다. 거듭 말하지만 우리가 틀린 말을 한다는 뜻이 아니다(대체로 맞는 말이다). 하지만 진짜 조언다운 조언이 무엇인지 이해할 만큼 우리의 생각은 깊지 않다.

"하나님께 맡기세요." 라고 하면 지혜로운 조언이 될지 모르겠다. 하지만 그 말이 무슨 뜻인가? 정확히 어떻게 하나님께 맡긴다는 것인가? 혹은 누군가가 "하나님의 약속들을 믿으세요." 라고 말할 수도 있다.

사실이다. 그런데 무슨 약속을 말하는 것인가? 그리고 그 약속들이 바로 지금 내가 옳은 일을 하는 데 어떻게 도움이 된다는 것인가?

완전히 성경적인데도 별 도움이 되지 않는 경우가 있다. 거룩함을 추구하는 데는 더더욱 그렇다.

대부분의 그리스도인이 성화란 우리가 두려움과 떨림으로 우리 구원을 이루어갈 때 하나님이 우리 안에서 행하시는 것임을 알고 있다(빌 2:12-13). 바라건대 우리 모두가 다음과 같은 존 오웬의 말에 동의하면 좋겠다. "자기의 힘으로, 스스로 만들어낸 방식에 의해, 자기 의를 이룰 목적으로 거룩해지려고 노력하는 것, 그것이 바로 전 세계 모든 거짓 종교의 정신이자 본질이다."[53]

칭의는 전적으로 하나님의 일이고 성화는 전적으로 우리 일이라는 생각은 큰 오산이다. 우리는 우리 자신의 힘이 아닌, 하나님이 공급하시는 힘으로 말하고 봉사하고 일하기 원한다(벧전 4:11).

물론 이런 말이 실제로 무슨 뜻인지 즉시 분명해지지는 않는다. 우리가 노력할 때 하나님이 우리 안에서 어떤 방법으로 일하신다는 말인가? 우리가 어떻게 우리 자신의 힘이 아닌 하나님의 힘으로 봉사할 수 있는가? 이번 장의 핵심인 거룩함을 향한 우리의 노력이 성령의 동력, 복음의 추진력, 믿음의 연료를 갖추고 있어야 한다는 것은 무슨 의미인가? 우리가 성령께서 우리 안에서 일하시게 함으로써, 복음이 우리

---

53. John Owen, *The Mortification of Sin* (Fearn, Ross-shire, UK: Christian Focus, 1996), p. 23(최예자 역, 『현대인을 위한 죄 죽이기』, 서울: 프리셉트, 2012).

마음을 사로잡게 함으로써, 하나님의 은혜의 복음을 믿기 위해 애씀으로써, 예수님을 향해 달려감으로써 거룩함에 이른다고 제안하는 것은 말 그대로 제안인데 이러한 일들이 실제로 어떻게 일어날 수 있는가? 하나님은 성령과 복음, 그리고 거룩함의 가능성을 현실로 만드는 믿음을 어떤 방식으로 사용하시는가?

성령으로 말미암는 거룩

우리를 거룩하게 하는 데 성령이 큰 역할을 한다. 우리의 구원은 "하나님 아버지의 미리 아심을 따라 성령이 거룩하게 하심으로" 말미암았으며, 순종과 예수 그리스도의 보혈을 얻기 위함이다(벧전 1:2). 성령은 그리스도의 피로 우리를 깨끗하게 하기 위해 그리스도 안에서 우리를 구별하셨고(최종적 성화), 또 우리 안에 역사하사 우리가 예수 그리스도께 순종하게 하신다(점진적 성화). 성령을 통해 우리는 새로운 신분을 얻었고 새로운 능력을 덧입게 되었다. 바울의 말을 빌면, 우리가 더 이상 육신에 있지 않고 영에 있기 때문에 그 동일한 성령으로 말미암아 몸의 행실을 죽여야 하는 것이다(롬 8:9-13).[54]

다시 현실적인 질문으로 돌아가보자. 우리를 거룩하게 하시기 위해 성령이 우리 안에서 어떻게 일하시는가? 그중 하나는 우리 속사람을

---

54. Kevin DeYoung, "The Holy Spirit," *The Gospel Coalition Booklets*, ed. D. A. Carson and Timothy Keller(Wheaton, IL: Crossway, 2010), pp. 18-19 참고. 성령에 관한 위의 내용은 예전에 쓴 이 글의 몇 가지 같은 시각과 같은 문장을 되풀이한 것이다.

강건하게 하시는 것이다(엡 3:16). 성령의 사역은 종종 능력과 연관된다(행 1:8; 롬 15:19; 고전 2:4; 살전 1:5). 이 능력은 이적과 기사로, 교회를 세우는 영적 은사로, 영적 열매를 맺는 능력으로 나타날 수 있다.

세상이 창조될 때 하나님과 함께 계셨고 우리를 거듭나게 하신 그 동일한 성령이 당신의 속사람(곧 당신의 의지와 마음)을 강건하게 하신다. 그렇게 하시는 목적은 예전에 극복할 수 없었던 죄와 싸워 이기게 하시고, 전에는 할 수 없었던 선한 일들을 행하게 하시기 위함이다.

'나는 태어날 때부터 이랬어.', '나는 절대 바뀌지 않을 거야.', '나는 믿음이 별로 없어.' 라는 생각에 갇혀 죄와 싸우기를 포기한 패배주의적 그리스도인의 태도는 겸손이 아니다. 그것은 오히려 초자연적 권능으로 우리를 강건하게 하시는 성령을 모욕하는 것이다.

우리의 거룩함을 위해 성령이 하시는 일은 그게 전부가 아니다. 성령은 능력인 동시에 빛이다. 성령은 우리의 어두운 마음 구석구석을 비추어 우리의 죄를 책망하시며(요 16:7-11), 하나님의 말씀을 비추는 등불로서 하나님의 지혜를 가르치시며, 그것이 은혜로 주신 것임을 나타내신다(고전 2:6-16). 또한 예수 그리스도만 바라보게 하여 우리가 그 영광을 보고 변화되게 하신다(요 16:14). 때문에 "우리가 다 수건을 벗은 얼굴로 거울을 보는 것같이 주의 영광을 보매 그와 같은 형상으로 변화하여 영광에서 영광에 이르니 곧 주의 영으로 말미암음이니라"(고후 3:18)라고 말하는 것이다.

시내산에서 모세가 하나님의 영광을 본 후 얼굴에 광채가 났던 것처럼

(출 34:29; 고후 3:7), 성령으로 말미암아 그리스도의 얼굴에 있는 하나님의 영광을 보게 될 때 우리도 그와 같은 영광스러운 모습으로 변화될 것이다.

요약하면 성령은 세 가지 방식으로 우리에게 빛이 되신다.

(1) 죄를 폭로하여 죄를 깨닫고 돌이키게 하신다.
(2) 하나님의 말씀을 조명하여 그 의미를 깨닫고 붙들게 하신다.
(3) 베일을 벗겨 그리스도의 영광을 보고 그와 같은 형상으로 변화되게 하신다.

다른 말로 성령은 죄와 진리와 영광을 밝히 드러내심으로 우리를 거룩하게 하신다. 성령이 밝히 보여주시는 이 진리를 보지 않으려고 눈 감는 것에 대해 성경은 성령을 거스르는 것(행 7:51), 성령을 소멸하는 것(살전 5:19), 성령을 근심하게 하는 것(엡 4:30)이라 말한다.

이 세 가지 표현에 조금씩 차이가 있을지 모르지만 모두 우리 삶에 성화를 이루어 가시는 성령의 역사를 받아들이지 않는 상황을 가리킨다.

만일 우리가 죄에 쉽게 항복하거나 의롭게 되려는 노력을 단념한다면 그에 대한 잘못은 성령의 능력에 있는 것이 아니라 우리가 성령이 비추시는 빛보다 악의 어둠을 더 사랑하기 때문이다(요 3:19-20).

복음에 근거한 선행

요즘 내가 만나는 그리스도인들 거의 대부분은 복음을 제대로 이해하기만 하면 개인적 거룩함이 저절로 따라온다고 생각한다. 어느 정도 맞는 말이다. 다만 좀 더 구체적이면 좋겠다. 정확히 어떤 선한 행동이 복음으로부터 나올 수 있는가?

첫째, 복음은 감사의 마음으로부터 경건이 우러나게 한다. 로마서 12장 1-2절에 담긴 생각이 바로 이것이다. 로마서 1-11장에서 보여준 하나님의 자비하심에 감사할 때 당연히 따라야 할 반응이 12-16장의 명령에 순종하는 것이다. 존 스토트의 말대로 "'*charis*'라는 헬라어가 '은혜'와 '감사'를 동시에 의미하는 것은 우연이 아니다."[55]

물론 하나님이 자비를 베푸신 후 마치 그에 대한 보상으로 평생 순종할 것을 요구하시는 것처럼, 감사를 일종의 채무로 오해하지 않아야 한다. 우리는 무엇으로도 하나님께 보답할 수 없다(롬 11:35). 그럼에도 우리가 하나님이 그리스도 안에서 우리를 위해 행하신 모든 일을 깨닫는다면 기꺼이 하나님을 기쁘시게 해드리고 싶은 열망을 갖게 될 것이다.

남편으로서 내가 제대로 못하는 것이 많지만, 아내에게 제법 괜찮은 선물을 주는 일은 그럭저럭 잘해왔다. 대개 그 선물은 장모님께 아이들을 맡기고 우리 부부의 정신건강을 위해 시간을 내는 것이다.

---

55. John Stott, *Romans: God's Good News for the World* (Downer's Grove, IL: InterVarsity Press, 1994), p. 321 (정옥배 역, 『로마서 강해』, 서울: 한국기독학생회출판부, 1996).

아내가 이러한 선물을 받은 날은 내가 온종일 신나게 떵떵거릴 수 있다. 물론 그것 때문에 선물을 주는 것은 아니지만 한동안 기쁘게 감사하는 마음을 갖는 것은 착한 아내가 자연스럽게 보이는 반응이다.

이 외에도 감사하는 마음을 가질 때 우리는 하나님을 기쁘시게 하려고 할 뿐 아니라 경건하지 못한 행실에 빠져 허우적거릴 가능성이 적어진다. 감사에 수반되는 겸손과 만족은 누추함과 어리석고 비열한 것을 몰아낸다(엡 5:4).[56]

둘째, 복음은 우리가 누구인지 말해줌으로써 우리가 거룩함을 추구하도록 돕는다.[57] 우리가 그리스도 안에서 새롭게 누리게 된 지위를 깨달을 때 어떤 죄들은 자연스럽게 멀어진다.

우리가 온 땅을 기업으로 받은 자라면 시기할 이유가 무엇이며 하나님의 소유된 백성이라면 질투할 이유가 무엇인가? 하나님이 우리 아버지라면 왜 두려워하며 죄에 대해 죽은 자라면 왜 계속 죄를 짓는가? 우리가 그리스도와 함께 살리심을 받았다면 왜 예전의 죄된 본성을 계속 따르며 하늘에 올리심을 받은 자라면 왜 지옥의 마귀처럼 행동하는가? 우리가 영원하신 사랑을 받았다면 왜 여전히 세상에 우리 가치를 입증하기 위해 애쓰며 그리스도가 만유의 주라면 왜 아직도 자신에게만 몰두하여 살아가는가?

---

56. John Piper, *Future Grace* (Sisters, OR: Multnomah, 1995), p. 48. 채무자의 윤리로 전락할 수 있는 위험 때문에 감사에 근거한 순종을 경계한다는 사실이 지적될 필요가 있다.
57. 이 점에 대해서는 8장에서 더 자세하게 다룰 것이다.

이 마지막 문단은 마틴 로이드 존스가 "자신에게 귀 기울이는 대신 자신에게 이야기하기"라고 부른 것이다.[58]

수천 번도 넘게 같은 잘못을 저지른 후 우리는 '스스로 절대 바뀌지 않을 거야.' 혹은 '하나님께 쫓겨나고 말 거야.' 라는 생각에 빠지기 쉽다.

하지만 스스로의 말에 귀 기울이지 말고 당신 자신에게 설교하라. 복음으로 돌아가라. 누구든지 그리스도 안에 있는 자에게는 결코 정죄함이 없음을 기억하라(롬 8:1). 예수를 죽은 자 가운데서 살리신 이의 영이 당신 안에 거하심을 기억하라(롬 8:11). 당신이 하나님의 자녀요, 또한 상속자임을 기억하라(롬 8:16-17). 다른 어떤 것도 우리 주 예수 그리스도 안에 있는 하나님의 사랑에서 우리를 끊을 수 없음을 기억하라(롬 8:38-39). 하나님이 더욱 큰 은혜를 주실 것이다(약 4:6). 하나님을 가까이하고, 당신이 하나님 안에 있음을 확신하고, 손을 깨끗이 하고 마음을 성결하게 하기 위해 끊임없이 노력하라(약 4:8).

약속 믿고 굳게 서기

기독교의 핵심은 믿음이라는 것을 우리 모두 안다. 의롭게 되는 것은 율법적 행위가 아닌 믿음으로 가능하다(롬 3:28). 그렇다면 우리가 구원받은 후에도 믿음의 역할이 남는가? 더욱 거룩해지려는 힘든 싸움이

---

58. Martyn Lloyd-Jones, *Spiritual Depression: Its Causes and Cures* (Grand Rapids, MI: Eerdmans, 1965), p. 20 참고.

믿음과는 아무 상관이 없는가?

결코 그럴 수 없다! 우리는 믿음으로 의롭게 되었다. 또 믿음으로 더욱 거룩해지기 위해 힘써 노력한다. 두 가지 모두 믿음이 작동돼야 한다. 칭의 과정에서는 의롭다 함을 받고 안식을 얻기 위해서, 그리고 성화 과정에서는 소원을 두고 행하기 위해서 말이다.

우리가 복음을 신뢰하는 것과 그리스도 안에서의 지위에 대해 성경이 말하는 바를 언급했으니 어떤 의미로는 이미 믿음에 대해 이야기한 것이다. 하지만 거룩함을 추구함에 있어서 우리는 지나간 구속의 행위 그 이상을 바라보아야 한다. 즉 '장래의 은혜'[59]를 신뢰해야 하는 것이다.

칭의는 죄에 대한 유일한 해결책이 아니다. 하나님이 우리를 위해 하신 일을 깨닫는다고 해서 우상이 전부 없어지지 않을 것이다. 우리 영혼에는 장래의 축복을 약속받을 때만 충족되는 갈망이 있다. 그렇지 않다면 영광의 소망이 무슨 말인지 대체 어떻게 이해할 수 있단 말인가?

하나님은 성경을 통해 끊임없이 약속을 주신다. 그리고 이 약속은 '순종'이라는 엔진에 연료를 공급한다.

우리가 잘 아는 성경 본문 중 하나인 산상수훈을 살펴보며 설명하겠다. 산상수훈의 세 장인 마태복음 5-7장은 명령과 약속들로 가득하다.

---

[59]. 더 자세한 내용을 알고 싶다면 존 파이퍼의 *Future Grace*를 읽어보라. *Battling Unbelief : Defeating Sin with Superior Pleasure*, Colorado Springs: Multnomah, 2007(차성구 역, 『믿음으로 사는 즐거움』, 서울: 좋은씨앗, 2008) 참고.

주로 장래의 은혜에 대한 약속이지만 때로 심판의 약속도 있다. 그중 '팔복'(Beatitudes)부터 시작하자.

팔복은 이런저런 축복을 약속하는 말씀이다. 온유한 자는 땅을 기업으로 받을 것이고(마 5:5), 의를 위하여 박해를 받는 자는 천국을 차지할 것이고(마 5:10), 예수님으로 말미암아 모욕당하는 자는 큰 상급을 받을 것이다(마 5:12). "마음이 청결한 자는 복이 있나니 그들이 하나님을 볼 것임이요"(마 5:8)라는 말씀은 내가 정욕과 싸울 때 가장 많은 도움을 준 구절이다. 성적 부도덕이 순간적으로 만족을 줄 수 있지만 예수님은 마음이 청결한 자에게 더 큰 복을 약속하신다. 바로 하나님을 볼 것이라는 약속이다.

몇 년 전 집 근처에 내가 출퇴근하면서 자주 지나치던 집이 있었다. 나는 거기 누가 사는지 몰랐고 그 집에 사는 사람을 만나본 적도 없다. 그런데 여름만 되면 한 젊은 여성이 노출이 심한 수영복 차림으로 진입로에서 세차를 하곤 했다. 고개를 돌려서 쳐다보고 싶은 유혹을 이기기 위해 내가 사용한 말씀의 검(劍)이 바로 마태복음 5장 8절이었다. 나는 혼자 이렇게 생각했다. '나는 하나님을 보기 원하고 하나님을 알기 원해. 오늘 하루 종일 하나님과 멀리 떨어진 느낌으로 살고 싶지 않아. 하나님과의 교제가 3초 동안의 곁눈질보다 훨씬 나아.' 즉 하나님의 약속에 대한 믿음으로 거룩함을 추구한 것이다.

이러한 약속들은 세상에서 가장 유명한 설교인 산상수훈에 계속된다. 경고들도 많다. 살인하는 자는 심판을 받게 될 것이고(마 5:21), 형제에게 미련한 놈이라 하는 자는 지옥불에 들어가게 될 것이다(마 5:22). 음욕을 억제하지 못하는 자도 지옥에 던져질 것이고(마 5:29-30), 다른 사람의 잘못을 용서하지 않으면 하나님도 그 사람의 잘못을 용서하시지 않을 것이다(마 6:15). 넓고 편한 길로 가면 멸망에 이를 것이며(마 7:13), 예수님의 말씀을 무시하고 모래 위에 집을 지으면 결국 무너질 것이다(마 7:26-27). 이 말씀들은 모두 부정적인 약속이지만 우리가 하나님의 말씀에 순종할 수 있도록 힘을 보태준다.

예수님은 축복도 약속하셨다. 계명을 지키는 자는 천국에서 크다 일컬음을 받게 될 것이고(마 5:19), 좁은 문으로 들어가는 자는 생명에 이를 것이고(마 7:14), 예수님의 말씀을 듣고 행하는 자는 참된 안전함을 얻을 것이다(마 7:24-25). 예수님은 보상을 약속하심으로써 우리를 고무하신다. 참되고 영원하며 없어지지 않는 보상 말이다(마 6:1-2, 4-6, 16, 18-20). 예수님은 죄와 싸우는 것이 하늘 아버지를 신뢰하기 위한 싸움이라는 것을 아신다. 때문에 염려는 단순히 성격상의 문제가 아닌 믿음 없음의 표시가 된다(마 6:30). 우리가 만일 하나님이 주실 장래의 은혜를 신뢰한다면 하나님이 우리의 필요를 채우실 것을 믿으며 먼저 그의 나라를 구할 것이다(마 6:33). 우리 아버지 되시는 하나님은 구하는 자에게 좋은 것을 주겠다고 약속하시는 분이다(마 7:11).

또한 하나님은 언약의 하나님이시기에 우리가 순종하면 축복을 내리겠다 약속하시고 불순종할 때는 저주를 내리겠다고 말씀하신다. 우리가 기대하는 축복이 아닐 수 있고 하나님 나라에 들어가기 전에는 이루어지지 않을 수 있지만(히 11:39-40), 하나님이 약속하신 축복은 한결같이 선하며 우리로 하여금 그리스도를 더욱 닮아가게 하는 궁극적인 목적을 이루어간다. 거룩한 삶이란 언제나 믿음으로 사는 삶이다. 즉 하나님이 약속하신 것을 반드시 이루신다는 것을 전심으로 신뢰하는 삶이다.

마지막으로 내가 지금까지 언급한 믿음은 복음을 믿는 믿음, 혹은 하나님의 약속, 특히 장래의 은혜에 대한 약속을 믿는 믿음이었다. 하지만 더 넓게 보면 하나님의 약속을 믿는 믿음도 있다. 마귀의 거짓말 대신에 하나님이 말씀하신 진리를 믿는 것, 이것이 바로 영적 전쟁의 본질이다.

사탄은 거짓의 아비이며 그가 가진 가장 큰 무기가 바로 거짓말이다. 사탄은 하나님에 대해, 당신의 죄에 대해, 당신이 용서받은 사실에 대해, 심지어 성경에 대해서도 거짓말을 한다. 유령의 집이라든지 머리가 돌아가는 귀신 따위는 마귀를 대적하는 것과 아무 상관이 없다. 이것은 거짓말 대신 진리를 믿는 믿음의 문제다. 에베소서 6장이 이에 대해 말하고 있다. 진리의 허리띠를 띠라, 믿음의 방패를 들라, 성령의 검을 휘두르라. 그러므로 하나님의 말씀 위에 굳게 설 때, 우리는 영적 전쟁에서 마귀의 궤계를 능히 대적하고 든든히 설 수 있다.[60]

---

60. Thomas Brooks, *Precious Remedies against Satan's Devices*, Edinburgh: Banner of Truth, 1997[1652](서창원 외 역, 『사단의 책략 물리치기』, 서울: 엘맨, 2007). 청교도 고전인 이 책은 내가 아는 한 (성경에 충실한) 영적 전쟁에 관한 최고의 책이다.

힘써 노력해야 한다

이 장을 마치기 전에 이 장 제목의 마지막 단어에 대해 몇 마디 하겠다. 성령이 우리에게 힘을 주셔서 거룩함을 추구하게 하신다. 맞다. 복음이 우리를 이끌어 그리스도를 닮아가게 한다. 이것도 맞는 말이다. 믿음이 우리에게 순종할 수 있는 연료를 공급해준다. 그렇다. 하지만 그럼에도 불구하고 노력을 쏟아야 하는 것은 우리 자신이다.

하나님의 자비가 자동으로 순종을 만들어내지 않는다. 먼저 순종하라는 명령이 있어야 하고, 그 다음에 우리가 그것을 따라야 한다.[61] 성화의 주체는 하나님이다(살전 5:23). 그분이 친히 우리를 거룩하게 하신다. 그러나 하나님이 주신 선물을 추구해야 하는 주체는 우리다.

존 파이퍼는 이렇게 말했다. "죄와 싸울 때 나는 수동적으로 앉아서 죄가 없어지는 기적이 일어나기를 기다리지 않는다. 내가 기적을 행한다."[62]

신약성경은 그리스도인이 경건을 위해 노력해야 한다는 사실을 시종일관 증언한다. 로마서 8장 13절은 영으로 몸의 행실을 죽여야 한다고 말한다. 에베소서 4장 22-24절은 옛 사람을 벗어버리고, 새사람을 입으라고 교훈한다. 골로새서 3장 5절은 땅에 있는 지체를 죽이라고 명령한다. 디모데전서 6장 12절은 믿음의 선한 싸움을 싸우라고 촉구한다. 누가복음 13장 24절은 좁은 문으로 들어가기를 힘쓰라고 권고

---

61. Douglas J. Moo, *The Epistle to the Romans* (Grand Rapids, MI: Eerdmans, 1996), pp. 749-750 참고.
62. http://www.desiringgod.org/blog/posts/i-act-the-miracle. 2011년 7월 15일에 접속함.

한다. 고린도전서 9장 24-27절은 달음질하는 것과 자기의 몸을 쳐서 복종시키는 것을 언급한다. 빌립보서 3장 12-14절은 푯대를 향하여 달려가는 것에 대해 이야기한다. 베드로후서 1장 5절은 더욱 힘쓸 것을 명령한다. 거듭난 신자로서 당신이 해야 할 일은 우리 속에서 능력으로 역사하시는 그리스도의 역사를 따라 "힘을 다하여 수고"하는 것이다(골 1:29). 끝까지 견디고 이기는 자에게 영생의 상급이 주어진다는 예수님의 말씀을 결코 잊지 말아야 한다(계 2-3장).

그리스도인들은 애쓰는 자들이다. 죄를 죽이기 위해 애쓰고 성령 안에 거하기 위해 애쓴다. 그들은 복음 안에서 쉼을 누리지만 육체와 사탄을 거스르는 싸움은 결코 쉬지 않는다. 하나님의 자녀임을 드러내는 뚜렷한 표시 두 가지가 있다. 바로 내적 싸움과 내적 평안이다.[63]

복음을 믿는 우리는 몸부림치고, 싸우고, 애쓰는 것을 두려워하면 안 된다. 이것은 성경의 훌륭한 단어들이다. 제리 브릿지는 이렇게 말했다. "하나님이 우리 삶에 역사하시지 않으면 아무도 거룩할 수 없다. 그러나 스스로 노력하지 않으면 거룩함에 이를 수 없다는 것 또한 분명한 사실이다. 우리가 거룩한 길로 행하게 하시는 분은 하나님이다. 동시에 하나님은 우리에게 그 길을 가야 할 책임도 주셨다."[64]

칼빈의 말에 따르면 부패한 육신의 행위를 벗어 버리는 일은 "엄청난

---

63. 이것은 J.C.라일이 *Holiness: Its Nature, Hindrances, Difficulties, and Roots* (Moscow, ID: Charles Nolan, 2011), 69쪽에서 한 말을 내 말로 바꾼 것이다.
64. Jerry Bridges, *The Pursuit of Holiness* (Colorado Springs: NavPress, 2006), pp. 10-11.

수고가 따르는 고된 작업"이다. 그러므로 하나님이 "이를 위해 더욱 힘써 노력할 것"을 명령하신다. "나태함이 들어올 자리가 없다"는 말이다.[65] 성화에 관한 한 우리는 그저 하나님만 바라보고 있으면 안 된다. 복음에 사로잡힌다고 다 되는 것도 아니다. 우리는 스스로 거룩해지기 위해 힘써 노력해야 한다.

"다 내려놓고 하나님께 맡기라"는 관점으로 성화를 바라본 옛 케직 신학의 실수를 범하지 말자.[66]

케직 성결운동이 낳은 비운의 고전에서 한나 W. 스미스는 이렇게 주장한다. "그렇다면 믿음의 발걸음을 통해 우리 자신을 하나님의 손에 맡기고 하나님이 그 기쁘신 뜻대로 우리 안에서 행하시게 하는 것, 그리고 지속적인 믿음을 통해 그 자리에 머무르는 것이 이 땅에 사는 동안 우리가 할 수 있는 성화의 전부다. ……우리가 할 일은 신뢰하는 것뿐, 이루시는 분은 하나님이다."[67]

너무나 영적으로 들리지만 성경적인 말은 아니다. 거룩해지는 것은 포기와 항복을 통해서가 아니라 하나님이 채워주시는 열심과 노력으로 가능하다.

---

65. 베드로후서 1장 5절에 대한 칼빈의 주석. 존 오웬이 편저한 *Calvin's Commentaries Volume 22*(Grand Rapids, MI: Baker, 1993), 372쪽 참고.
66. '케직 신학'이라고 불린 이유는 19세기 후반 영국 케직에서 열린 사경회에서 처음으로 거론됐기 때문이다. 케직 사경회는 지금까지도 계속 개최되지만 신학은 그대로가 아니다. 지금은 확실한 신학적 바탕 위에 서 있다. 옛 케직 운동과 신학적 문제에 대해 더 자세히 연구하기 원하면 Andrew David Naselli, *Let God and Let God? A Survey and Analysis of Keswick Theology* (Bellingham, WA: Logos Bible Software, 2010)을 참고하라.
67. Hannah W. Smith, *The Christian's Secret of a Happy Life* (Gloucestershire, UK: Dodo Press, 2008 [1875]), p. 7. (윤종석 역, 『그리스도인이 체험하는 삶의 비밀』, 서울: 두란노, 2009).

마틴 로이드 존스는 이렇게 말한 바 있다.

> 신약성경은 우리에게 행동을 요구한다. 결코 성화의 수고를 대신해 주겠다고 말씀하지 않는다. ……우리는 '믿음의 선한 싸움' 중에 있으며 그 싸움은 우리 자신의 몫이다. 그러나 감사하게도 우리는 그 싸움을 할 수 있다. 믿는 순간 우리는 곧 의롭게 되고 성령으로 거듭난 순간 우리에게 그 능력이 주어졌기 때문이다. 따라서 신약성경은 우리에게 그 사실을 상기시키면서 성화에 대한 의지를 불러일으킨다. 즉 그 사실을 상기시킨 다음에 **"그러므로 이제 가서 행하라"**고 말씀하는 것이다.[68]

이런 이유로 어떤 고령의 네덜란드 신학자는 "신자들이 제대로 성장하지 못하는 이유"를 나열하면서 회심을 의심하는 것이라든지 은혜를 이기적으로 이용하는 것 등의 "복음"과 관련된 이유뿐 아니라 게으름까지 포함시켰다. "우리는 영적으로 고양된 상태를 유지하면서 쭉 뻗은 종려나무처럼 자라기만 원할 뿐 애쓰고 노력할 마음이 조금도 없다. 그래서 얻지도 못한다."[69] 그리스도를 닮아가는 여정에 평온 무사주의가 낄 수 없음을 말해주는 또 다른 표현이다.

이것은 중요한 문제다. 그리스도인들 중에는 단지 노력 부족으로

---

68. D. Martin Lloyd-Jones, *Romans: Exposition of Chapter 6: The New Man*(Edinburgh: Banner of Truth, 1972), p. 178 (서문강 역, 『로마서강해』, 서울: CLC, 2010).
69. Wilhelmus A Brakel, *The Christian's Reasonable Service*, trans. Bartel Elshout, ed. Joel R. Beeke, 4vols. (Grand Rapids, MI: Reformation Heritage Books, 1994), p. 4:154.

성화의 과정에서 정체되는 사람들이 있기 때문이다. 그들은 성령의 능력에 대해 알아야 하고, 복음의 은혜에 깊이 뿌리내려야 하며, 하나님의 약속을 믿어야 한다. 더불어 하나님이 그들 속에서 일하시는 것을 이루기 위해 싸우고 노력해야 한다.

우리 모두 바울의 말처럼 "내가 모든 사도보다 더 많이 수고하였으나 내가 한 것이 아니요 오직 나와 함께하신 하나님의 은혜로라"(고전 15:10)라고 고백하자. 이 사실을 깨닫지 못하면 오직 복음의 은혜로 의롭게 되었음을 믿는데도 왜 저절로 성화가 따라오지 않는지 혼란스러울 것이다. 또한 우리가 일어나 힘써 나아가는 것이 하나님의 뜻임을 모른 채 진정으로 복음을 붙들 수 있는 믿음이 생기기만을 하염없이 기다리게 될 것이다(빌 2:12-13). 경건에 이르는 길에서는 믿는 것이 애쓰는 것을 대신할 수 없기 때문이다.

성경공부를
위한 질문들

| 6장 | 성령의 동력, 복음의 추진력, 믿음의 연료로 달려가라

1. 당신 삶에 지속적으로 성령을 거스르고, 근심케 하고, 소멸해온 영역이 존재하는가? 거기에 어떤 조치를 취해야 할까?

2. 당신이 그리스도 안에서 어떤 존재인지 스스로 상기시키는가? 그렇게 하는 것이 거룩함을 추구하는 데 있어서 어떻게 도움이 되는가?

3. 하나님의 약속 중 당신에게 격려가 되는 것은 어떤 것들인가?

4. 성화에 있어서 "다 내려놓고 하나님께 맡겨라."라는 식의 관점이 강한 호소력을 갖는 이유는 무엇일까? 그것이 진정한 성장에 치명적인 이유는 무엇인가? 당신이 거룩해지기 위해 성장하는 과정에서 이와 같이 잘못된 가르침에 영향을 받은 적이 있는가? 있다면 어떤 부분에서인가?

THE HOLE IN OUR HOLINESS

7/ 당신 자신이 돼라

뒤뜰에서 놀기 좋은 전형적인 어느 가을 날이었다. 약간 춥지만 뛰어놀기에 쾌적할 만큼 적당히 쌀쌀한 날 말이다.

나는 두 아들과 축구를 했다. 동생 제이콥이 나와 같은 편이 되어 형 이안을 상대했다. 골대 앞에서 이안의 슛을 막은 다음 나는 장거리 패스를 하려고 제이콥에게 반대쪽 끝으로 달려가라고 손짓했다. 제이콥이 막 달리기 시작했을 때 나는 오른발 안쪽으로 공을 찼다. 공이 날아가 두 아들을 지나 계속 구르고 구르더니 마침내 저쪽 끝에 있는 골대 안으로 들어가버렸다.

이안은 약간 기가 죽었고 다섯 살이었던 제이콥은 눈이 휘둥그레졌다. 잠시 후 제이콥이 신기하다는 표정으로 나를 쳐다보면서 진지하게 말했다. "와! 아빠, 저런 건 아빠랑 예수님만 할 수 있어요."

예수님의 축구 실력이 어느 정도인지 알 수 없다. 위키백과사전을 검색해봐도 별다른 정보를 얻지 못할 것이다. 하지만 이것만은 분명하다. 만일 제이콥이 한 단어만 바꿔 말했다면 그것은 엄청난 신학적 선포가 되었을 것이다.

우리 대부분은 우리가 예수님을 닮아가야 한다는 것을 안다. 컨디션이 조금 괜찮은 날에는 정말로 예수님을 닮고 싶은 마음이 들기도 한다. 우리는 누군가 우리 삶 속에 나타나는 경건의 증거들을 보며 "와! 그런 건 당신'과' 예수님만 할 수 있는 일이에요."라고 말해주기를 바란다.

이것이 잘못된 마음은 아니다. 문제는 '과'(and)라는 접속사다. '과'(and)가 '안에 있는'(in)으로 바뀌어야 한다. "그것은 예수님 '안에 있는' 당신만 할 수 있는 일이에요." 라고 말이다. 예수 그리스도를 닮는 것은 가능한 일이다. 그러나 단순히 예수님과 함께 일한다거나 예수님의 행동을 따라한다고 되는 것이 아니다. 예수님 안에 있는 우리의 신분을 인식할 때 우리는 예수님처럼 살 수 있다.

예수 그리스도와의 연합

예수님 안에 거하는 것을 신학적으로 표현하면 그리스도와의 연합이다. 이것이 거룩함과 어떤 상관이 있는지 곧 분명해지겠지만 먼저 이 뼈대 위에 신학적인 살을 좀 붙여야겠다. 이 개념에 대한 우리의 지식은 매우 빈약하다. 따라서 그리스도와의 연합은 그동안 당신이 한 번도 들어본 적 없는 최고로 중요한 교리가 될 수 있다. 우리는 예수 그리스도를 통해 구원받았고, 예수 그리스도를 닮아가야 하며, 예수 그리스도와 교제할 수 있다는 사실을 알고 있다. 그러나 이 모든 것이 어떻게 그리스도와의 연합에 달려 있는지 숙고해본 적은 거의 없다.

우리 구원 전체가 이 사실을 중심으로 정리될 수 있다. 그리스도와의 연합은 우리의 구원으로 얻게 되는 구체적인 축복 중 하나가 아니다. 오히려 구원에 포함되는 축복 전부를 가장 잘 묘사하는 말이다. 즉 그것은 영원 전(선택), 과거(구속), 현재(부르심, 칭의, 성화), 그리고 미래(영화)에 속한 모든 축복을 포괄한다.[70]

모든 축복은 그리스도 안에서 받아 누리는 것이다(엡 1:3). 따라서 구원의 어떤 측면도 그리스도와의 연합과 분리될 수 없다. 이것은 그분이 주신 모든 선물의 근거이자 기초다. 그러므로 성령으로 말미암은 부르심, 중생, 회심, 믿음, 칭의, 양자, 성화, 견인, 영화 등 '구원의 순서'(*ordo salutis*)에 대한 신학적 이야기는 적절하지만, 그것을 주신 분과 이러한 은혜들을 따로 떼어 생각하는 것은 절대로 안 된다.

구원의 서정에서 주어지는 축복 하나하나는 우리가 그리스도와 연합했다는 사실로부터 파생된다. 이것은 존 머레이의 말과도 같다. "그리스도와의 연합은 구속 과정의 한 단계가 아니다. 성경의 가르침에

---

70. Michael Horton, *The Christian Faith: A Systematic Theology for Pilgrims On the Way* (Grand Rapids, MI: Zondervan, 2011), p. 587(이용중 역, 『언약적 관점에서 본 개혁주의 조직신학』, 서울: 부흥과개혁사, 2012).

따라 폭넓게 보면 그것은 구속 과정 모든 단계의 기초가 된다. 그리스도와의 연합은 실로 **구원 교리 전체의 핵심 진리**다. 구원의 적용뿐 아니라 그리스도의 사역을 통한 구원의 영원한 성취 측면에서도 마찬가지다."[71]

그리스도와의 연합 교리가 신약성경에 너무 흔하게 나오기 때문에 오히려 놓치고 지나갔을 가능성이 크다. "그리스도 안에서", "주 안에서", "그 안에서" 등의 표현이 바울 서신에 200번 이상, 요한이 쓴 글에 20번 이상 나온다.[72]

우리는 그리스도 안에서 발견되며(빌 3:9), 그리스도 안에서 견인되며(롬 8:39), 그리스도 안에서 구원함과 거룩함을 받는다(딤후 1:9; 고전 1:30). 또 그리스도 안에서 행하고(골 2:6), 그리스도 안에서 수고하고(고전 15:58), 그리스도 안에서 순종하며(엡 6:1), 그리스도 안에서 죽으며(계 14:13), 그리스도 안에서 살며(갈 2:20), 그리스도 안에서 이긴다(롬 8:37).

이상은 몇 가지 예에 불과하다. 또 다른 32곳에서 바울은 신자가 그리스도와 함께 십자가에 못 박히고, 그리스도와 함께 장사되고, 그리

---

[71]. John Murray, *Redemption-Accomplished and Applied* (Grand Rapids, MI: Eerdmans, 1955), p. 161(장호준 역, 존 머레이 구속, 서울: 복있는사람, 2011). 강조는 내가 한 것임. Robert Letham, *The Work of Christ* (Downers Groves, IL: InterVarsity Press, 1993), pp. 80-81(황영철 역, 『그리스도의 사역』, 서울: 한국기독학생회출판부, 2000)과 Sinclair Ferguson, *The Holy Spirit* (Downers Grvoes, IL: InterVarsity Press, 1997), pp. 100, 106(김재성 역, 『성령』, 서울: 한국기독학생회출판부, 1999) 참고. 웨스트민스터 대요리문답 역시 "구원의 순서"를 그리스도와의 연합의 결과로 이해한다(66, 69).

[72]. Bruce Demarest, *The Cross and Salvation: The Doctrine of Salvation* (Wheaton, IL: Crossway, 2006), p. 313(이용중 역, 『십자가와 구원』, 서울: 부흥과개혁사, 2006). 디마레스트에 따르면, "그리스도 안에서"란 표현이 (유사한 표현을 포함해서) 바울서신에 216번, 요한의 글에 26번 나오는 것으로 되어 있다. 싱클레어 퍼거슨은 바울 서신의 경우 160번 정도로 본다(*Holy Spirit*, 100).

스도와 함께 살리심을 입고, 그리스도와 함께 하늘에 앉게 되는 등 구속의 단계에서 그리스도와 함께 참예함을 언급한다.[73]

이러한 연합이 없다면 그리스도께서 주시는 모든 축복이 우리와 상관없게 된다. 성령이 우리를 그리스도와 묶어주시고 우리가 그리스도의 몸에 접붙인 바 되어야 비로소 우리가 그리스도가 주시는 은혜를 누릴 뿐 아니라 그리스도 안에서 그분의 모두 사역에 참여할 수 있다.[74] 선택에서 칭의, 성화, 최종적인 영화에 이르기까지 그리스도인의 삶 전체가 그리스도와의 연합이며 그 연합을 드러내는 통로다.

때문에 대제사장적 기도를 드리시며 예수님이 마지막으로 구하신 것이 바로 "나도 그들 안에 있게" 해달라는 것이었고(요 17:26) 바울도 "너희 안에 계신 그리스도"가 곧 영광의 소망이라고 말했던 것이다(골 1:27).

연합과 관련한 오해들

근래 들어 그리스도와의 연합 교리는 그리스도인들의 일반적인 사고방식을 형성하는 데 그리 눈에 띄는 역할을 하지 못했다. 여기에는

---

73. Douglas Moo, *The Epistle to the Romans* (Grand Rapids, MI: Eerdmans, 1996), p. 392 참고. K. Scott Oliphint이 편저한 *Justified in Christ: God's Plan for Us in Justification* (Fearn, Ross-shire, UK: Mentor, 2007)에서 Lane Tipton의 "Union with Christ and Justification" (25쪽) 참고. 두 사람 모두 성경에 "그리스도 안에서"와 "그리스도와 함께"라는 표현이 나오는 경우를 많이 인용하고 있다.
74. 신학자들은 종종 칭의에서 '밖으로부터 온 의'(alien righteousness)를 언급한다. 우리가 우리 자신의 것이 아닌 '의'로 구원받는다는 뜻이다. 분명 맞는 말인데, '밖으로부터 온'이란 말에 오해의 여지가 있다. 그리스도는 우리 밖에 계신 분이 아니라, 우리 안에 거하시는 분이기 때문이다.

두 가지 이유가 있다.

첫째, 이 교리를 근거로 마음을 동이는 것이 쉽지 않다. 우리가 그리스도와 결합했다는 말, 즉 그분이 우리 안에, 우리가 그분 안에 있다는 말이 정확히 무슨 뜻인가?

공간적 의미로 생각하는 것은 별 도움이 안 된다. 예수님이 우리 옆구리에 달라붙어 있다거나 예수님의 몸이 축소되어 우리 좌심실에 미생물처럼 기생하는 것이 아니기 때문이다. 여기서는 물리적 연합이 아닌 신학적 연합을 말한다. 그리스도와의 연합은 다음의 세 가지를 함축한다.

(1) 연대(solidarity): 두 번째 아담이신 그리스도는 우리의 대표가 되신다.
(2) 변화(transformation): 그리스도는 성령을 통해 우리를 완전히 변화시키신다.
(3) 교제(communion): 그리스도는 우리의 하나님이 되셔서 우리와 함께하신다.[75]

그리스도와의 연합은 마치 사랑의 언약으로 맺어진 결혼 관계와 같다. 또 지체 된 우리가 머리 되신 그리스도와 결합하여 한 몸을 이루는 것과 같다. 혹은 우리가 집이고 그리스도가 우리 안에 거하시는 건물과 같다고 말할 수 있을 것이다. 이런 성경적 비유들은 그리스도와의 연합이라는 천상의 실재를 지상의 방식으로 묘사하는 것이다.

---

75. Robert Letham, *The Work of Christ* (Downers Groves, IL: InterVarsity Press, 1993), pp. 82–83 (황영철 역, 『그리스도의 사역』, 서울: 한국기독학생회출판부, 2000) 참고.

대부분의 그리스도인이 이 교리를 멀리하는 다른 이유는 오해의 소지가 크기 때문이다. 가장 기본적으로 '연합'(union)과 '융합'(fusion)을 동일시하면 안 된다. 성경이 가르치는 것은 우리의 인격이 그리스도의 인격과 결합함으로 하나님이 우리 하나님이 되시고 우리는 그의 백성이 된다는 개념이다. 하지만 이와 같은 언약적 관계는 본성의 융합과 다르다. 하나님과 백성 사이의 구분이 사라지는 '존재적 연합'(ontological union)에 의해 우리의 인격이 완전히 사라지고 그리스도의 인격으로 바뀐다는 의미가 아니다.

존재란 '실제로 있는 것'(being)을 어렵게 표현한 말이다. 즉 존재적 연합이라는 말은 우리가 하나님의 본질을 실제로 공유한다는 뜻이다. 예컨대 중세 신비사상가 마이스터 에크하르트는 "하나님과 합일(合一)한 사람은 하나님과 '한 영혼', 즉 **동일한 실존**(the same existence)이다."라고 말했다.[76] 이것은 올바른 표현이 아니다. 동양의 종교들과 신비주의의 몇몇 종파는 하나님과의 연합을 별개의 두 존재가 더 이상 별개로 존재하지 않는 절대 합일의 개념으로 본다. 하지만 이것은 그리스도와의 연합에 관한 성경의 가르침이 아니다.

삼위일체이신 삼위 하나님이 하나 된 연합을 누리는 동시에 각각 별개의 인격인 것처럼, 또 그리스도의 신성과 인성, 두 가지 본성이 연합된 동시에 각각 별개로 있는 것처럼, 우리가 그리스도와 연합하여도

---

76. Meister Eckhardt, *The Essential Sermons, Commentaries, Treatises, and Defence*, trans. and ed. Edmund Colledge and Bernard McGinn (Mahwah, NJ: Paulist Press, 1981), p. 56.

우리 자신의 독특한 인간성이 말살되지 않고 그대로 남게 된다. 즉 우리는 신이 되지 않는다.

반면 어떤 의미에서는 우리가 신격화될 수 있다. 베드로후서 1장 4절은 성도가 "신성한 성품에 참여하는 자"가 될 것을 이야기한다. 이런 표현은 사람들에게 낯설다. 신격화(혹은 신성화)는 지금까지 동방정교회 구원론의 중심 사상이었다.[77]

하지만 동방정교회 신학은 하나님의 "본질"(essence)과 "에너지"(energies)를 구분함에 있어 조심스러운 접근법을 취한다.[78] 즉 우리는 하나님의 활동에 참여하는 것이지 말로 표현할 수 없는 하나님의 본성에 참여하는 것이 아니다. 심지어 칼빈도 복음의 목적이 "언젠가 우리가 하나님과 닮은 모습으로 변화되게 하는 것이다. 말하자면 일종의 신격화다."라고 말했다.[79] 그러면서도 그는 신격화가 우리 자신은 없어지고 하나님만 남는 것이 아님을 분명히 밝힌다.

하나님을 닮아간다는 것은 우리 안에 하나님의 속성과 미덕이 자라나는 것을 의미한다. 인간성과 신성의 혼합이란 존재하지 않는다. 우

---

77. 기독교의 한 분파인 '동방정교회'(Orthodoxy)를 역사적, 성경적 신학을 지칭하는 '정통'(orthodox)이라는 용어와 혼동하면 안 된다. ESV 스터디바이블은 동방정교회에 대해 다음과 같이 정의했다. "동방정교회는 다양한 독립적, 자율적 교회들로 구성되는데, 그중 러시아 정교회와 그리스 정교회가 가장 대표적이다. A. D. 1000년경 라틴어 문화권인 서쪽과 헬라어를 쓰는 동쪽이 언어적으로, 문화적으로, 신학적으로 서로 갈라서게 되었다. 보편관할권(universal jurisdiction)에 대한 로마의 주장과 니케아-콘스탄티노폴리스 신경에 '필리오케'(filioque)라는 단어를 포함시킨 로마의 결정은 관계의 단절을 초래했다."

78. Kallistos Ware, *The Orthodox Way* (Crestwood, NY: St. Vladimir's Seminary Press, 1979), pp. 21-23 참고.

79. 베드로후서 1:4에 대한 칼빈의 주석. John Owen ed., *Calvin's Commentaries,* Volume 22 (Grand Rapids, MI: Baker, 1993), p. 371 참고.

리의 인성이 완전하게 유지되는 동시에 온전히 회복되는 과정에 들어가는 것이다. 즉 우리는 하나님이 될 수 없지만 하나님과 닮은 모습으로 변화될 수는 있다.

중요한 점은 우리 자신의 영혼으로부터 분리되어 어떤 절대적 신성에 흡수되는 것이 우리가 생각하는 궁극적인 영성이 아니라는 사실이다. 그리스도와의 연합이 가능한 이유가 아들 되신 예수 그리스도가 이 땅에 내려오셨기 때문이지, 우리가 하늘로 올라간 것이 아님을 늘 기억해야 한다. 우리가 그리스도와 연합할 수 있는 근거는 그리스도께서 성육신을 통해 우리와 연합하셨다는 것이다. 그리스도께서 우리와 하나가 되셨기에 우리가 그분과 하나 될 수 있다. 그러므로 그리스도인의 영성은 신비주의가 아닌 오직 중재자 되신 예수 그리스도께 달려 있다.

함께하고 닮아간다

이번 장이 다른 장보다 좀 더 전문적이라는 것을 알지만 이와 같이 신학적인 문제들을 살펴본 데는 나름의 타당한 이유가 있다. 그리스도와의 연합은 독서광이나 낱말 마니아들을 매료시키는 교리적 개념 이상이다. 그것은 당신이 살아가는 삶의 방식과 당신의 영적 건강, 그리고 당신의 거룩함에 매우 중요한 문제다.

경건으로 나아가는 여정에서 그리스도와의 연합이 우리를 인도하는 방식 몇 가지가 있다. 먼저 그리스도와의 연합은 우리에게 거룩함을 추구하는 것이 곧 그리스도를 추구하는 것임을 상기시켜 준다. 우리는 단지 훌륭한 사람이 되기 위해 덕을 갖추려는 것이 아니다. 우리가 사랑하는 첫 번째 대상은 예수님이다. 따라서 거룩함이란 궁극적으로 도덕적 기준에 충실한가의 문제가 아니다. 그것은 그리스도 안에 거하는가, 그리스도와의 생명력 있고 참된 연합에 의지하여 살아가는가의 문제다.

이와 유사하게 그리스도와의 연합 개념은 칭의와 성화의 올바른 관계를 정립하는 데 도움을 준다. 그동안의 신학과 그리스도인의 삶을 돌아보면 칭의와 성화를 따로 떼어서 보는 경향이 있었다. 때문에 어떤 그리스도인들은 행위를 무시하고 믿음만 강조하는가 하면, 어떤 그리스도인들은 그리스도의 전가된 의와 다른 별개의 의를 추구하는 데 집중한다. 하지만 칭의와 성화는 둘 다 "그리스도 안에 있는" 선물이다(고전 1:30, 6:11).

신학자들은 종종 이것을 일컬어 그리스도와의 연합에 기인한 "이중 은혜"라고 부른다. 이는 동전의 양면이요, 서로 구별된 동시에 하나다. 칭의와 성화에 대해 칼빈이 한 말은 옳다. "이 두 가지 은혜의 선물은 마치 끊을 수 없는 끈으로 묶여 있는 것처럼 함께 붙어 다닌다. 그래서 이 둘을 떼어 놓는 것은 어떤 의미에서 그리스도를 갈기갈기 찢어놓는 셈이 된다."[80]

---

80. 고린도전서 1:30에 대한 칼빈의 주석. John Pringle ed., *Calvin's Commentaries*, Volume 22 (Grand Rapids, MI: Baker, 1993), p.93 참고.

성화는 단지 칭의로부터 자연스럽게 따라오는 결과가 아니다. 하나가 다른 하나를 초래하는 개념이 아니라는 뜻이다. 둘 다 동일한 근원에서 나온다. 우리를 거룩하게 하시는 은혜를 주시고 동시에 우리를 의롭다 칭하여주신다. 그리스도와의 연합으로 말미암아 두 가지 선물이 동시에 주어진다. 결코 한 가지만 주어지는 법은 없다. "따라서 우리는 행위와 별개로 의롭다 함을 받은 것이 아니며 행위를 통해 의롭다 함을 받은 것 또한 아니다. 왜냐하면 우리가 그리스도 안에 거한다는 사실, 즉 우리를 의롭게 한 그 사실 속에는 (우리에게 전가된) 의만큼 (점진적인) 성화 또한 확실하게 포함되기 때문이다."[81]

당신 자신이 돼라

지금까지 살펴본 것은 그리스도와의 연합과 개인적인 거룩함을 연관 짓는 중요한 사실들이다. 그러나 성경에는 훨씬 더 두드러진 연관성이 제시되고 있다.

거룩함을 추구함에 있어서의 진척은 우리가 그리스도와의 연합의 의미를 얼마나 이해하고 제 것으로 삼느냐에 따라 크게 좌우된다. 존 머레이가 표현한 대로 "우리 자신을 죄에 대하여는 죽은 자요, 그리스도

---

81. *Institutes* 3.16.1 (강조는 내가 한 것임). 그리스도와의 연합 교리에 대한 칼빈의 견해를 더 자세히 알고 싶다면 다음의 책들을 참고하라. William B. Evans, *Imputation and Impartation: Union with Christ in American Reformed Theology* (Eugene, OR: Wipf & Stock, 2008), Mark A. Garcia, *Life in Christ: Union with Christ and Twofold Grace in Calvin's Theology* (Eugene, OR: Wipf & Stock, 2008), J. Todd Billings, *Calvin, Participation, and the Gift: The Activity of Believers in Union with Christ* (Oxford: Oxford University Press, 2007), ed. A. T. B. McGowan, *Always Reforming: Explorations in Systematic Theology* (Downers Grove, IL: IVP Academic, 2007), 271–288쪽에서 Richard B. Gaffin Jr., "Union with Christ: Some Biblical and Theological Reflections" 참고.

예수 안에서 하나님께 대하여는 살아 있는 자로 여긴다는 말보다 점진적 성화에 대해 더 적절하게 표현한 말은 없다" (롬 6:11 참조).[82]

그리스도와의 연합을 떠나서는, 제아무리 고상하고 영감 있는 의도로 시작된 일이라 할지라도 그리스도를 닮으려는 모든 시도가 필연적으로 율법주의와 영적 패배를 자초할 수밖에 없다. 그렇지만 일단 그리스도와의 연합이라는 교리를 이해하면, 하나님이 우리 자신이 아닌 다른 모습에 도달하라고 요구하시는 것이 아님을 깨닫게 된다. 하나님이 원하시는 것은 단지 우리가 이미 얻은 것을 성취하는 것뿐이다. 거룩함을 추구하는 것은 예수님과 똑같아져야 하는 비현실적인 시도가 아니다. 그것은 그리스도 안에서 이미 가능해진 삶을 살아내기 위한 싸움이다.

신약성경에서 말하는 도덕적 가치를 한 문장으로 요약하라면 나는 이렇게 표현하겠다. '당신 자신이 돼라.'

자기 자신에게 충실할 것을 강조하는 오늘날의 문화를 감안할 때 이 말은 이상한 정도가 아니라 거의 이단적으로까지 들릴지 모른다. 하지만 세상에 존재하는 많은 오류들이 그러하듯 이것 역시 강력하게 왜곡된 진리를 대변하고 있다.

사람들이 흔히들 이야기하는 "쉬엄쉬엄 해. 너는 원래 그렇게 태어

---

82. John Murray, "The Pattern of Sanctification," in *Collected Writings of John Murray*, 4vols. (Edinburgh: Banner of Truth, 1977), p. 2:311. 또 Walter Marshall, *The Gospel Mystery of Sanctification: Growing in Holiness by Living in Union with Christ* (Eugene, OR: Wipf & Stock, 2005) 참고.

났어." 혹은 "네가 아닌 다른 누군가가 되려는 노력일랑 집어치우고 진짜 네 자신이 돼."라는 말 속에는 자신들도 모르는 매우 성경적인 의미가 담겨 있다. 하나님은 진정으로 당신이 당신 자신이 되기를, 즉 당신이 당신 자신에게 충실하기를 원하신다는 말이다. 그러나 하나님이 말씀하시는 '당신 자신'은 본성 그대로가 아닌, 은혜로 변화된 '당신 자신'이다.

앞에서 말한 문장을 다시 읽어보는 것이 좋겠다. 죄 가운데 사는 것과 의롭게 된 삶을 사는 것의 차이가 그 문장을 제대로 이해하는 것에 달려 있기 때문이다. 하나님은 "쉬엄쉬엄 해. 너는 원래 이렇게 태어났어." 라고 말씀하시지 않고, 대신 "좋은 소식을 들려줄게. 너는 새롭게 다시 태어났어." 라고 말씀하신다.

믿음을 소유한 당신은 그리스도께 속한 자이며, 더 나아가 그리스도와 합한 자다. 성령을 통해 믿음으로 말미암아 우리는 그리스도와 연합하였다. 그리스도께서 당신 안에, 당신이 그리스도 안에 거하는 것이다. 그리스도와 하나가 되었으니 이제 그리스도처럼 살라. 당신 자신이 돼라. 이것이 바로 신약성경이 끊임없이 말하는 메시지다.

- **그리스도 안에서 우리는 죄에 대하여 죽은 자요 의에 대하여 산 자다**

"그러므로 우리가 그의 죽으심과 합하여 세례를 받음으로 그와 함께 장사되었나니 이는 아버지의 영광으로 말미암아 그리스도를 죽은 자 가운데서 살리심과 같이 우리로 또한 새 생명 가운데서 행하게 하려 함이라" (롬 6:4; 골 3:1-3).

- 그리스도 안에서 우리는 새로운 피조물로서 그리스도를 위하여 살게 하려 하심이다

"그가 모든 사람을 대신하여 죽으심은 살아 있는 자들로 하여금 다시는 그들 자신을 위하여 살지 않고 오직 그들을 대신하여 죽었다가 다시 살아나신 이를 위하여 살게 하려 함이라"(고후 5:15)

"그런즉 누구든지 그리스도 안에 있으면 새로운 피조물이라 이전 것은 지나갔으니 보라 새 것이 되었도다"(고후 5:17).

- 그리스도 안에서 우리의 죄된 육신은 죽었고 우리 안에 새 생명이 역사한다

"내가 그리스도와 함께 십자가에 못 박혔나니 그런즉 이제는 내가 사는 것이 아니요 오직 내 안에 그리스도께서 사시는 것이라 이제 내가 육체 가운데 사는 것은 나를 사랑하사 나를 위하여 자기 자신을 버리신 하나님의 아들을 믿는 믿음 안에서 사는 것이라"(갈 2:20).

- 그리스도 안에서 우리는 그리스도와 함께 산 자들, 우리를 위해 예비하신 선한 일을 할 수 있는 자들이다

"긍휼이 풍성하신 하나님이 우리를 사랑하신 그 큰 사랑을 인하여 허물로 죽은 우리를 그리스도와 함께 살리셨고 (너희는 은혜로 구원을 받은 것이라) 또 함께 일으키사 그리스도 예수 안에서 함께 하늘에 앉히시니"(엡 2:4-6).

"우리는 그가 만드신 바라 그리스도 예수 안에서 선한 일을 위하여 지으심을 받은 자니 이 일은 하나님이 전에 예비하사 우리로 그 가운데서 행하게 하려

하심이니라"(엡 2:10).

- **그리스도 안에서 우리는 그분이 하신 대로 행할 수 있다**

"그러므로 너희가 그리스도 예수를 주로 받았으니 그 안에서 행하되"(골 2:6).

- **그리스도 안에서 우리는 거룩하고 귀중한 자요 그와 같이 살도록 부르심을 받았다**

"그러므로 너희는 하나님이 택하사 거룩하고 사랑받는 자처럼 긍휼과 자비와 겸손과 온유와 오래 참음을 옷 입고 누가 누구에게 불만이 있거든 서로 용납하여 피차 용서하되 주께서 너희를 용서하신 것같이 너희도 그리하고 이 모든 것 위에 사랑을 더하라 이는 온전하게 매는 띠니라"(골 3:12-14).

우리가 그리스도께 순종하도록, 성경은 우리가 그리스도 안에 있는 존재임을 거듭 상기시킨다. 하나님을 무서워하는 마음으로 거룩함을 위해 억지로 몸부림치지 마라. 당신이 이미 하나님께 속한 자라는 확신으로 거룩함을 추구하라.

그리스도 안에서의 정체성

그리스도와의 연합과 성화의 관계를 로마서 6장보다 더 분명하게 말해주는 곳은 없다. 여기서 바울은 "은혜를 더하려고 죄를 지어도 되는가?"라는 질문에 대답하려고 애쓴다. 그는 오직 그리스도 안에서,

오직 은혜로 인해, 오직 믿음으로 말미암아 우리가 의롭게 됨을 찬양했다. 그러면서 한 가지 반론을 예상했다. 그토록 은혜가 크다면 우리가 계속 죄를 지어도 무방하지 않겠냐는 것이다(롬 6:1). "오, 그렇다면 양쪽 세상의 좋은 점을 다 누릴 수 있겠군요. 이 세상에서 마음껏 죄짓다가 저 세상에 가서 영화를 누리는 거죠!" 당연히 이것은 복음의 논리가 아니다. 유다서 4절은 "경건하지 아니하여 우리 하나님의 은혜를 도리어 방탕한 것으로 바꾸고 홀로 하나이신 주재 곧 우리 주 예수 그리스도를 부인하는 자"에 대해 경고한다.

분명한 것은 은혜가 방종의 변명거리가 될 수 없다는 점이다. 바울은 값없는 은혜가 주는 신선한 충격에 대해 자주 이야기한다. 아니 한 번도 그 메시지를 넘어간 적이 없다. 바울은 은혜에 대해 잠시 언급한 다음 "좋아. 은혜에 관해서는 이만하면 됐고, 본론으로 들어가서 이제 의롭게 된 후 우리가 해야 될 일들에 대해 모조리 이야기해보자."라고 말하지 않는다. 은혜에 대한 언급을 뒤로 한 채 다른 주제로 넘어가는 법도 없다.

바울은 우리를 의롭게 하시는 은혜와 더불어 거룩하게 하시는 은혜를 찬양하는 데 열심이었다. 이 사실이 매우 중요하다. 바울은 이 은혜 때문에, 이 은혜로 인한 능력 때문에 그리스도인 된 당신이 이러이러하게 변화될 것이라고 말하는 것이다.

세상의 모든 종교가 똑같다고 생각하는 사람들이 있다. 그들은 모든 종교가 이웃을 사랑하고 가난한 자들을 돕고 자기 자신을 부인하고 진리를 말하도록 가르친다고 이야기한다. 그러나 설사 모든 종교가 근본적으로 똑같은 윤리를 주장한다 해도(사실은 거의 100% 틀린 말이다) 동기 부여의 문제가 존재할 것이다.

어째서 좋은 일을 해야 하며 어째서 좋은 사람이 돼야 하는가? 그래야 자기 노력으로 천국에 갈 수 있기 때문인가? 그래야만 가족의 가치와 문명을 보존할 수 있어서인가? 더 나은 업(業)을 위해서인가? 깨달음의 경지에 도달하기 위해, 아니면 욕망을 죽이고 열반에 이르기 위해서인가? 윤회의 굴레에서 벗어나기 위함인가? 혹은 좋은 사람이 되어 스스로에게 더 좋은 느낌을 갖기 위해서인가? 이와 같이 윤리적 행동을 해야 하는 근본적 이유에 대해 세계의 여러 종교는 일치된 견해를 내놓지 못한다.

바울에게 그러한 동기 부여의 출발점은 그리스도 안에서의 정체성이다. 로마서 6장을 읽고 그리스도인인 당신에게 객관적이고 최종적이고 영구불변한 사실이 무엇인지 확인하라. 당신은 예수 그리스도와 합하여 세례를 받았고(롬 6:3), 그리스도와 함께 십자가에 못 박혔으며(롬 6:6), 그리스도와 함께 죽었고(롬 6:8), 그리스도와 함께 장사되었다가(롬 6:4), 그리스도와 함께 살리심을 받았다(롬 6:4-5).

고린도전서 10장 2절에서 "(이스라엘 백성이) 모세에게 속하여 다 구름과 바다에서 세례를 받고"라는 말은 문자 그대로 그들이 모세와 함께 세례를 받았다거나 물 뿌림을 당했음을 의미하지 않는다. 그 말은 그들이 모세와 연합했다는 뜻이다. 그들은 모세와 함께 출애굽에 참여했다. 그들은 모세의 백성으로, 모세는 그들의 대표이자 지도자로서 말이다.

이와 같은 의미로 우리가 그리스도와 합하여 세례를 받는다. 물리적 세례가 언제였는지에 상관없이, 혹 유아세례 후 나중에 자신의 믿음으로 받아들인 경우든, 성인이 된 후 직접 믿음을 고백하면서 받은 경우든, 우리는 세례 의식을 통해 우리 자신이 그리스도와 연합한 자라는 징표를 확인해야 한다.

그리스도인이 되었다고 해서 늘 변함없이 예수님과 친밀함을 느끼는 것은 아니다. 물론 우리가 그분과 연합했다는 사실은 변하지 않는다.

우리는 "(우리 자신을) 죄에 대하여는 죽은 자요 그리스도 예수 안에서 하나님께 대하여는 살아 있는 자로 여길지어다"라는 명령을 받았다(롬 6:11). 이것이 우리 그리스도인들에게 진리이기 때문이다. 우리는 예수님 안에서의 정체성 그대로 스스로를 보아야 한다. 즉 죄에 대하여는 죽은 자요 의에 대하여는 산 자로 여겨야 한다.

언젠가 동성애적 감정으로 갈등하는 한 남자의 이야기를 들었다. 어느 날 그가 자신의 멘토에게 게이바에 다시 나가겠다고 했을 때, 그의 멘토였던 목사는 그저 "그러지 않으실 거예요. 당신은 이제 그런 사람이 아니니까요."라고 대답했다고 한다. 훌륭한 조언이고 매우 성경적인 대답이다.

그리스도와의 연합은 우리와 죄와의 관계를 근본적이고도 영구적으로 바꾸어 놓는다. 우리의 옛 사람은 예수님과 함께 십자가에 못 박혔고(롬 6:6), 이제 다시는 죄가 우리를 주장하지 못하게 되었다(롬 6:14). 이는 '옛 자아'로 불리는 우리 자신의 일부가 '새 자아'라는 다른 실체로 바뀌었다는 의미가 아니다.

바울이 말하는 것은 일부분의 변화가 아니라 **신분의 변화**다. 옛 사람이란 아담 안에 있던 우리 자신이다(롬 5:12-21참고). 죽음, 죄, 형벌, 허물 등이 '아담 팀'에 속하는 것들이다. 하지만 우리는 더 이상 그 팀이 아니다. 계약이 철회된 것이다.

이제 우리는 '그리스도 팀'의 유니폼을 입고 있다. 그리스도와의 연합은 마치 풋볼을 전혀 못하는데도 프로미식축구연맹 풋볼 팀에 소속되는 것과 같다. 그리고 비록 실력으로 팀에 들어가지 않았지만 이제 팀의 유니폼을 입게 된 이상 진짜 풋볼 선수처럼 경기하고 싶은 마음을 갖게 된다.

몇 가지 다른 비유를 예로 들겠다.

- 그리스도와의 연합은 질 나쁜 감옥에서 풀려나는 것과 같다. 당신은 누군가 지나갈 때마다 그에게 얻어맞을까봐 침대에 웅크리고 있었다. 벽을 통해 외설적인 잡지를 전달하기도 했고 급식 줄 맨 앞에 서기 위해 사람들을 위협하고 협박하기도 했다. 하지만 석방된 후에는 더 이상 그렇게 행동하지 않는다. 이제 다른 세상에 속하게 된 것이다.

- 그리스도와의 연합은 열 살배기 소년이 친구들에게 "아기 같다"는 말을 듣고 싶어 하지 않는 것과 같다. 그는 자기가 더 이상 아기가 아니란 걸 안다. 이제 어엿한 소년이다. 그래서 더 어른스럽게 행동하기 시작한다.
- 그리스도와의 연합은 한 대학생이 말을 타고 등교해서 깃펜과 잉크를 꺼내 놓고 촛불을 켜고 모스부호로 통신하려고 노력하다가 문득 자기가 다른 시대에 와 있음을 깨닫는 것과 같다. 그런 사람을 만나면 모두 신기해할 것이다. 이제 그는 시대에 맞게 살아야 한다.

물론 이것이 완벽한 비유는 아니다. 예수 그리스도가 우리를 송두리째 변화시키시는 방식을 설명하지는 못하기 때문이다. 하지만 불완전한 비유치고는 로마서 6장에서 바울이 주장하는 것을 제대로 파악하고 있다.

바울이 그리스도와의 연합 개념으로 로마 교회에 심령조종술을 쓰는 것이 아니다("네가 찾고 있는 죄악은 이런 것들이 아니야"). 오히려 그가 원하는 것은 로마 교회 성도들이 그리스도 안에서 자신들에게 이루어진 진리를 인식하고 숙고하는 것이다(롬 6:9, 11). 그들의 정체성은 예수 그리스도 안에서 완전히 바뀌었다.

당신도 마찬가지다. 이제 다른 팀에 소속되었고 다른 시대에 살게 되었다. 다른 영역에 속하게 되었고 이름도 달라졌다. 그러므로 죄가 당신의 죽을 몸을 지배하지 못하게 하라(롬 6:12). 당신의 지체를 불의의 무기로 죄에 내주지 마라(롬 6:13). 그리고 하나님 앞에서 당신 자신을 의의 종으로 드려 거룩함에 이르라(롬 6:19).

성경은 거룩함에 대해 실제적으로 이야기한다. "죄에 대하여 죽고 하나님께 대하여 살았다"는 이 영광스러운 말씀이 사실이라고 해서 당장에 싸움이 끝난다거나 신자들의 삶에 다시는 죄가 머리를 들지 못한다는 뜻으로 오해하지 마라. 그리스도인에게는 여전히 삶 속에서의 순종이 요구되며 싸움도 존재한다. 다만 그것은 승리가 보장된 싸움이다.

당신 뒤에는 그리스도의 영이 계셔서 어깨를 주물러주시기도 하고, 물통을 받쳐주시기도 하고, 또다시 죄와 맞붙기 전에 "너는 반드시 저 녀석을 때려눕히고 말 거야."라고 말씀해주시기도 한다. 죄가 잽을 몇 방 날릴 수 있고, 이따금씩 뼈아픈 패배를 맛보게 할 수도 있고, 당신을 무릎 꿇게 할 수도 있다. 하지만 당신이 그리스도 안에 있는 한 결코 당신을 KO시킬 수는 없을 것이다. 당신은 더 이상 종이 아니라 자유인이다. 죄가 당신을 지배하지 못하며 할 수도 없다. 왕좌에 새로운 왕이 좌정하셨다. 이제 당신은 다른 왕을 섬기고 다른 주인에게 경의를 표한다.

사실 하나님은 우리에게 이렇게 말씀하신다.

"그리스도에 대한 믿음과 성령으로 말미암아 나는 너를 그리스도와 연합하게 했다. 그가 죽었을 때 너도 죽었고, 그가 살아날 때 너도 살아났다. 그가 하늘에 있으니 너도 하늘에 있고, 그가 거룩하므로 너도 거룩하다. 이제 너는 객관적으로, 또 실제적으로 하나님의 사랑을 받는 거룩한 자녀가 되었다. 죄에 대하여 죽고 의에 대하여 살아 내 거룩한 하늘나라에서 나와 함께 앉을 것이다. 그러므로 이제 이에 합당한 삶을 살아라."

이것이 바로 그리스도와의 연합이라는 개념 안에서 서술문과 명령문이 함께 어우러지는 예다. 또한 "당신 자신이 돼라"는 말을 길게 풀어서 전달하는 것이기도 하다.

성경공부를
위한 질문들

|7장| 당신 자신이 돼라

1. 그리스도와의 연합이 당신에게 생소한 개념인가? 만일 그렇다면 그것이 당신이 성화를 바라보는 데 어떤 변화를 주는가? 익히 알고 있던 개념이라면 그것이 지금까지 당신의 거룩함에 어떤 역할을 해왔는가?

2. 당신 자신이 아닌 다른 모습이 되려는 것과 진정한 당신이 되어가는 것 사이에 차이가 존재하는가? 당신이 거룩함을 추구하는 데 있어서 이것이 어떻게 영향을 미치고 동기를 부여해주는가?

3. 로마서 6장 전체를 읽으라. 그리스도와의 연합에 대한 지식을 기반으로 살아가는 삶과 불신자들의 삶에는 근본적으로 어떤 차이가 존재하는가? "그리스도 안에" 있는 것이 당신의 정체성인가?

THE HOLE IN OUR HOLINESS

8 / 성도와 성적인 죄

    거룩함이 거론될 때 사람들이 으레 예상하는, 끊임없는 수치심 자극을 피하기 위해 나름대로 애쓰며 이 책을 쓰고 있다. 기도도 제대로 안 하고 성경 암송도 충분히 안 하고, 가난한 사람들도 잘 안 돌본다는 등의 이야기로 자칫 사람들을 비난하기가 얼마나 쉬운지 모른다. 설교자들이 사람들에게 그들이 얼마나 하나님의 거룩함에 못 미치는 자들인지 꼬집어주는 것은 또 얼마나 쉬운가. 하지만 내가 이 책을 쓰는 목적은 거룩함에 대한 소망을 갖게 하려는 것이지 부끄러워하며 풀이 죽게 하려는 것이 아니다.

    그럼에도 불구하고 현재 세상과 타협하고 있다면 죄에 대한 자각이 필요하다. 우리의 삶을 성찰하고 말씀에서 어떻게 벗어나 있는지 인식하는 힘든 작업에 착수해야 한다. 그 일을 하는 것이 이번 장의 목표다. 그렇게 하는 목적은 당신을 쓰러뜨리려는 게 아니라 오히려 일으켜 세워서 하나님의 길로 행하도록 도우려는 것이다. 즉 당신이 하나님의 뜻을 따르고 하나님 말씀에 순종하는 삶을 살게 하기 위해서다.

제목에서 보듯 이 장에서는 성적인 죄를 다루려고 한다. 이 세상에 사는 사람은 누구나 성적인 죄가 심각하다는 것을 알고 있다. 우리가 섹스 문화의 홍수 속에서 살고 있다는 것을 굳이 납득시킬 필요조차 없다. 노래, 스포츠 경기, 광고판, 해변, 영화관, 유튜브, 아이폰, 쇼핑몰, 카탈로그, 자동차 잡지 등 우리가 접하는 모든 것이 그 증거다. 하지만 이번 장에서 다루려는 것은 바깥에 존재하는 문화가 아니라 바로 우리 자신에 대해서다. 그리스도인인 우리가 무엇을 보고, 듣고, 어떻게 행동하는지, 그리고 우리 자신도 의식하지 못한 채 보고, 듣고, 행동하는 것은 무엇인지 등에 관해서 말이다.

구약성경을 보면 이스라엘과 유다의 훌륭한 왕이 왕위에 오른 후 가장 먼저 한 일이 그 땅에 있는 우상과 거짓 종교를 제거하는 것이었다. 그렇게 하면 하나님은 기뻐하셨다. 그런데 그런 훌륭한 왕들조차 산당은 없애지 않았다는 사실을 자주 발견하게 된다(왕상 15:14, 22:43; 왕하 12:3, 14:4, 15:4, 35).

산당은 이스라엘 전역에 흩어져 있었고 백성들은 여기서 주변의 다른 이방 민족이 행하던 것과 똑같은 제사나 여러 의식을 행했다. 즉 산당은 이스라엘의 타협을 보여주는 상징이었다. 문화 속에 너무 깊이 뿌리내렸기 때문에 지극히 정상적인 것처럼 보였고, 그로 인해 훌륭한 왕들조차 그것을 제거할 생각을 못했던 것이다. 설사 생각했을지라도 그 신념을 실행할 용기가 없었을 것이다. 산당은 일종의 사각지대였기 때문에 백성들 스스로는 그것이 무엇을 대변하는지 볼 수 없었다. 지극히 흔하고 평범할 뿐 아니라 당시의 세태와 너무도 잘 맞아떨어졌기 때문에 왕들도 그것을 허물 생각을 못했고 백성들도 거기서 제사 드리지 말아야 한다고 생각 못한 것이다.

성적인 죄는 우리에게 그런 산당과 같다. 세상이 얼마나 우리를 가두었는지 볼 수 있는 안목이 우리에게 없을까봐 두렵다.

만일 다른 시대에 살던 그리스도인들을 오늘날 소위 기독교 국가라는 곳에 데려다 놓는다면, 나는 그들이 성적인 부도덕을 보고도 오늘날의 그리스도인들이 아무렇지 않아 하는 모습에 가장 크게 충격받을 거라고 생각한다(더 놀랄 만한 물질적 풍요를 뺀다면). 그런 모습을 보고도 우리는 더 이상 충격을 받지도, 화가 나지도, 양심에 찔리지도 않는다. 아니 진짜 심각하지 않으면 웬만한 성적 부도덕은 단순히 라이프스타일인 것으로 느끼고, 많은 경우 그저 오락거리라고 여긴다.

이는 성경이 성적인 죄를 바라보는 방식과 실로 엄청난 괴리다. 앞에서 악을 나열한 성경 본문을 보면 성적인 죄가 빠짐없이 언급된다. 또한 사도바울이 그리스도인에게 합당하지 않은 행동들을 열거할 때도 성적인 죄가 맨 앞에 나오는 경우를 자주 볼 수 있다(롬 1:24; 고전 6:9; 갈 5:19; 엡 5:3; 골 3:5).

어둠에서 빛으로의 변화를 갓 경험한 이방인 개종자들이 제일 먼저 받아들여야 하는 사실 중 하나가 바로 완전히 다른 성 윤리인 것이다.

그런데 이것이 앞 장의 내용이나 그리스도와의 연합과 무슨 상관이 있는 걸까? 특별히 성경 본문 두 곳을 보면서 성적 순결에 대한 하나님의 기준이 당신이 생각하는 것보다 얼마나 더 높은지, 그리고 그리스도와의 연합 교리가 당신이 깨닫는 것 이상으로 얼마나 더 도움이 되는지 살펴보자.

젊은이여, 어서 도망쳐라!

고린도전서 6장 12-20절 말씀을 보자.

> [12] 모든 것이 내게 가하나 다 유익한 것이 아니요 모든 것이 내게 가하나 내가 무엇에든지 얽매이지 아니하리라 [13] 음식은 배를 위하여 있고 배는 음식을 위하여 있으나 하나님은 이것저것을 다 폐하시리라 몸은 음란을 위하여 있지 않고 오직 주를 위하여 있으며 주는 몸을 위하여 계시느니라 [14] 하나님이 주를 다시 살리셨고 또한 그의 권능으로 우리를 다시 살리시리라 [15] 너희 몸이 그리스도의 지체인 줄을 알지 못하느냐 내가 그리스도의 지체를 가지고 창녀의 지체를 만들겠느냐 결코 그럴 수 없느니라 [16] 창녀와 합하는 자는 그와 한 몸인 줄을 알지 못하느냐 일렀으되 둘이 한 육체가 된다 하셨나니 [17] 주와 합하는 자는 한 영이니라 [18] 음행을 피하라 사람이 범하는 죄마다 몸 밖에 있거니와 음행하는 자는

자기 몸에 죄를 범하느니라 [19] 너희 몸은 너희가 하나님께로부터 받은 바 너희 가운데 계신 성령의 전인 줄을 알지 못하느냐 너희는 너희 자신의 것이 아니라 [20] 값으로 산 것이 되었으니 그런즉 너희 몸으로 하나님께 영광을 돌리라

먼저 살펴볼 핵심은 18절에 나와 있다. '음행'이란 정확히 무엇을 말하는가?

여기서 바울이 사용하는 단어는 신약성경에서 일반적으로 성적인 죄를 가리킬 때 사용하는 단어인 헬라어 '포르네이아'(porneia)다. 이 말은 성적인 죄를 총칭하는 것으로 단순히 간음만 의미하지 않는다(마 5:32 참고. 여기서 예수님은 간음을 뜻하는 말로 '모이케이아'[moicheia]를, 더 넓은 의미의 성적인 죄를 뜻하는 말로 '포르네이아'를 사용하신다). 한 주석가가 관찰한 것처럼 이 용어는 "헬라어 문헌에서 간음, 음행, 매춘, 동성애를 포함한 여러 가지 다양한 불법적 성관계를 지칭하는 단어로 통용되고 있다. 구약성경에서 그것은 남자와 여자 사이의 결혼 외에, 모세오경에서 금하는 모든 성적 행위들을 가리키는 말로 사용된다."[83] 이와 유사하게 대표적인 헬라어 사전에 따르면 '포르네이아'가 "불법적 성행위, 매춘, 음란, 음행"이라고 정의되어 있다.[84]

---

83. James R. Edwards, *The Gospel according to Mark* (Grand Rapids, MI: Eerdmans, 2002), p. 213.
84. Walter Bauer et al., *Greek-English Lexicon of the New Testament and Other Early Christian Literature*, 3rd ed. (Chicago: University of Chicago Press, 2000).

'포르네이아'를 가장 쉽게 이해하는 방법은 누군가 당신의 남편이나 아내와 어떤 행동을 하다가 발각됐을 때 당신이 참을 수 없이 화가 나고 가슴이 찢어지게 아플 만한 행동이 무엇인가 떠올려보는 것이다. 누가 당신의 아내와 악수하는 것을 보고 화가 나지는 않을 것이다. 누가 당신 남편의 어깨를 한 팔로 살짝 껴안는 것도 별로 신경 쓰이지 않을 수 있다. 문화에 따라서는 뺨에 키스하거나 심지어 입술에 가볍게 키스하는 것조차 괜찮을지 모른다. 하지만 다른 사람이 당신의 아내와 성관계를 가졌다거나, 아내의 벌거벗은 몸을 봤다거나, 몸의 특정 부위를 만졌다는 것을 아는 순간, 참을 수 없이 화가 폭발할 것이다. 그리고 어떤 사람이 당신 남편과 애무하거나 성행위에 대해 이야기하거나 특정한 몸짓을 취하는 것을 발견한다면 가슴이 무너져내릴 것이다. 왜 그런가? 이런 것은 모두 결혼한 부부 사이에서만 허용되며, 결혼한 남자와 여자 사이의 합법적 관계 외에는 전부 부적절한 행위가 되기 때문이다. 결혼하지 않은 사람들이나 동성끼리, 혹은 두 사람 이상이나 근친 간, 또는 유부남, 유부녀 간의 성행위는 모두 죄가 되고 '포르네이아'를 금하는 법에 포함될 수 있다. 한마디로 예수님과 바울, 그 외 모든 성경 저자들이 이해했던 성적 죄란 남녀의 결혼 밖에서 행해지는 성적 행위를 의미한다.

이 모든 것에 대해 바울은 "피하라"고 말한다. 성적인 죄를 상대할 생각일랑 버리고 무조건 도망쳐라. 장난삼아 해보지도, 음미하지도 마라. 시도조차 하지 마라. 진정한 자아 발견 따위는 집어치워라. 결단력을 시험해보지도 마라. 절대 꾸물대지 말고 얼른 피해라.

우리는 잠언 7장에 나오는 어리석은 젊은이의 과오를 피해야 한다. 음녀로 상징되는 성적인 죄 주변을 맴돌다가 그 감미로운 유혹을 못 이겨 그것을 따라간 젊은이의 마지막은 결국 죽음이 아니었던가. 하나님은 우리에게 문화의 참여자가 되기 위해 영화나 TV, 스마트폰 화면에 뜨는 음란한 것과 친숙해지라고 요구하시지 않는다. 오히려 그것으로부터 달아나라고 엄히 명하신다.

그리스도의 지체

고린도전서 6장 12절에서 바울은 고린도교회 교인들의 특정 구호에 대한 자신의 입장을 밝히고 있다. 짐작컨대 그들은 "모든 것이 내게 가하다"고 주장하는 것을 좋아했던 것 같다. 그들은 그리스도인으로서 누리는 자유를 자랑스러워했다. 하지만 바울은 "자유롭게 선택 가능한 일들조차 우리를 얽매는 족쇄가 된다면 더 이상 그것을 자유라고 부를 수 없다" 설명한다. 그리스도인의 삶에서 판단이 애매한 영역들을 고민할 때, 우리는 문제 행동을 정죄하는 구체적인 성경 구절을 찾는 것 이상을 해야 한다. 즉 12절과 같이 더 큰 질문들을 활용해야 한다. 가령 자위행위가 하나님의 영광을 위해 유익한지(고전 10:31), 아니면 빠져나오기 힘든 습관으로 우리를 얽매기만 하는지 물어야 하는 것이다.

앞서 인용한 성경 본문에서 특별히 도움이 되는 (또한 도전이 되고 희망을 주는) 부분은 바울이 그리스도 안에서의 우리의 정체성을 강조한 부분이다. 현 시대는 자기 몸이 자기 것이라는 생각이 주도적이다. "아무도 내 몸에 대해 이래라저래라 할 수 없어." 사실 우리 문화 어디를 둘러봐도 인간으로서의 정체성을 드러내는 데 있어서 성적으로 자신을 표현하는 자유, 자기 몸을 자기 마음대로 사용하는 자유보다 더 중요한 것은 없다. 그러나 하나님은 우리 몸이 우리 자신이 아닌 하나님께 속했다고 말씀하신다. 우리는 성령의 전이요(고전 6:19), 그리스도의 지체다(고전 6:15). 우리 몸은 더 이상 자기만족을 위해서가 아니라 하나님의 영광을 위해 존재한다(고전 6:20). 값으로 사신 바 되었기 때문에 그리스도의 소유가 된 것이다.

이런 말이 속박처럼 들릴 수 있다. "이제는 꼼짝없이 하나님이 원하시는 것만 해야겠군." 물론 하나님을 사랑하는 것은 진짜 하나님의 계명대로 사는 것을 의미한다. 하지만 그리스도의 소유가 된다는 것은 자유를 의미한다. 노예가 되는 것이 아니다. 신경질적인 하나님이 원하는 대로 사는 것을 기독교 신앙이라 생각하지 마라. 선하신 하나님이 요구하시는 것을 비로소 할 수 있게 된 것, 그것이 바로 신앙이다. 그리스도와의 연합을 통해 우리는 거룩할 수 있는 능력을 부여받았다. 예수님을 죽은 자 가운데서 살리신 하나님이 우리를 다시 살리사 몸을 위해 살지 않고 주를 위해 살게 하실 것이다(고전 6:13-14). 이것이 그리스도와의 연합으로 얻게 되는 선물이다. 그리스도와의 연합은 우리 안에서, 우리를 통해 역사하시는 하나님의 능력이다.

그리스도와의 연합은 또한 도덕적 책임을 의미한다. 고린도전서 6장 15절을 보라. 바울이 사용한 언어는 신중하지만 주장하는 내용은 가히 충격적이다. 우리는 그리스도께 속한 자로서 그의 지체다. 따라서 당신이 바울이 언급한 매춘이나 간음, 혼전 성관계 등의 성적인 죄를 범하면 이는 마치 그리스도의 지체가 음행을 저지르는 것과 다름없다. 좀 더 심하게 말하면 당신이 매춘부와 자는 것은 그 매춘부와의 잠자리에 그리스도를 끌어들이는 것이다. 그리스도를 믿으면 당신은 그리스도와 한 영이 된다(고전 6:17). 따라서 당신이 당신의 성기를 부적절한 곳에 두는 것은 예수님을 그분이 계시지 않아야 할 곳에 모시는 것과 같다.

성적인 죄가 끔찍한 이유는 그것이 당신 자신의 몸에 저지르는 죄일 뿐 아니라 당신이 지체로 속한 그리스도의 몸에까지 영향을 미치기 때문이다. 만약 당신이 창녀와 함께 있거나, 포르노를 보거나, 문란한 성관계를 즐기는 그리스도의 모습을 상상할 수 없다면, 당신 자신이 그런 상황에 있는 것도 떠올리지 말아야 한다. 당신은 그리스도께 속한 그리스도의 것이다. 아니 그 이상으로 당신은 그리스도와 한 몸이다. 그리스도의 몸이 순결하다면 당신의 몸도 마땅히 그래야 한다.

음란한 세상에서의 거룩

두 번째 성경 본문으로 넘어가기 전에 다시 '포르네이아'의 정의로 돌아가서 그리스도인의 삶에서 뜨거운 토론거리가 되어 온 데이트 상황에 적용해보자. 바보처럼 무모하고 과감하게, 오래 묵은 질문으로 뛰어들어 보겠다. 바로 "어느 정도가 선을 넘은 것이냐?" 하는 질문이다.

3장에서 언급했듯, 아내와 나는 데이트하는 동안은 물론 약혼한 이후까지 스킨십의 한계를 정하는 문제로 고심했다. 우리는 존경하는 많은 그리스도인에게 조언을 구했고 가지각색의 다양한 의견을 들을 수 있었다. "아예 하면 안 된다." 부터 "웬만하면 다 괜찮다."에 이르기까지 대답은 천차만별이었다. 대부분 기본적인 생각은 같았다. "성관계까지 가면 안 된다. 한계를 정해 놓아야 하는데, 그 한계는 너희 두 사람과 하나님 사이에서 해결할 문제다."

우리는 나름대로 여러 가지 원칙을 세웠고 그중 많은 것을 어기기도 했다. 어느 정도는 우리의 자제력(주로 나의 자제력)에 문제가 있었던 게 사실이다. 하지만 또 다른 문제는 솔직히 '무엇을 자제해야 되는지 과연 우리가 알고 있느냐?' 이다. 더군다나 우리는 약혼이라는 중간 지대를 지나가던 중이었다. 물론 우리는 성관계까지 가면 절대 안 되고 성관계 직전의 여러 단계도 불가하다는 것을 알았다. 그러나 경계선 안에 포함되면서도 위험을 안고 있는 애매한 부분이 많이 남아 있었다. 하나님의 은혜로 우리는 둘 다 처녀, 총각인 상태로 결혼식장에 들어갈 수 있었다. 하지만 우리가 스스로 세운 기준을 지키지 못했음을 인정한다. 문제는 양심의 가책 그 이상이었다. 돌아보건대 하나님이 세워주신 기준 또한 우리가 지키지 못했던 것 같다. 남자로서, 그리고 한계를 벗어난 데 전적으로 책임이 있는 사람으로서 진심으로 잘못을 인정하는 바다. 오래전에 우리는 하나님 앞에 이 죄를 고백했다.

내가 이렇게 전부 이야기하는 까닭은 이런 갈등을 겪는 게 어떤 건지 내가 잘 기억하고 있다는 것을 이 책을 읽는 청년들이 알아주기를 바라서다. 나는 그때의 혼란과 열망과 죄책감을 고스란히 기억하고 있다. 어떤 면을 봐도 나는 그리 좋은 모델이 아니다. 그래서 이제부터 내가 하려는 말이 지나치게 엄격하게 들릴지 모른다. 이제 이런 충고를 들을 필요가 없는 사람에게서 나오는 소리려니 하면서 말이다. 하지만 지금의 나는 그때 누군가가 그것이 그렇게 복잡한 문제가 아니라고 말해주었다면 얼마나 좋았을까 생각한다. 어쩌면 그렇게 말해 주었는데 내가 듣지 않았는지도 모르겠다.

성경에는 "어느 정도가 선을 넘은 것이냐?" 라는 질문에 콕 집어서 이렇다고 대답해주는 성경 구절이 없다. 그런 구절이 있다면 사람들은 이미 그 구절로 성경공부를 했을 것이다. 이를테면 히스기야서 4장을 펼친 다음 거기서 한 구절을 찾으면 문제가 다 해결되는 그런 일은 일어나지 않는다. 그러나 성경은 생명과 경건에 속한 모든 것을 우리에게 말씀한다. 즉 성경 안에 우리가 지금까지 논의한 부분에 도움을 주는 원칙들이 분명히 존재한다.

첫째, 어떤 관계든 우리가 거기서 추구하는 주된 목적은 하나님을 영화롭게 하는 것이지 벌만 피하는 선에서 최대한으로 죄를 즐기는 것이 아니다. 우리는 벌만 모면하고 구원만 받으면 끝이라고 생각하지 않는다. 어떻게 하면 결혼하기 전에도, 후에도 하나님을 최대한 기쁘시게 할까 고민한다.

둘째, 때가 이르기 전에 사랑을 흔들지 말고 깨우지 마라(아 2:7, 3:5, 8:4). 여기서 우리가 논하는 것은 아주 강력한 욕망이며 자칫 잘못하면 감당하기 어려운 유혹이 될 만한 것들이다.

많은 경건한 사람들이 이전에 절대 상상도 못한 온갖 종류의 행동을 하고 있는 자신을 발견하곤 한다. 그게 어떤 것들인지 알아가는 시간은 앞으로도 충분하다. 그러니까 아직은 채울 수 없는 욕망을 일깨우지 않도록 조심하라. 조심하다가 실수하는 게 낫다. 결혼하기 전에 이런저런 일을 안 해봐서 후회한다는 말을 그리스도인 부부에게 들어본 적이 한 번도 없다.

셋째, 당신의 배우자가 아닌 그리스도인들을 대할 때는 모두 그리스도 안에서 형제요 자매로 대해야 한다. 많은 신자들에게 이보다 더 문화에 역행하는 것처럼 들리는 말이 어디 있을까? 제럴드 히슈탄트와 제이 토머스가 그들의 유익한 책 『섹스, 데이트, 그리고 연애의 모든 것』[85] 에서 주장하는 내용이 바로 이것이다. 그들은 결혼할 때까지 모든 이성을 가족관계의 맥락으로 바라봐야 한다고 주장한다. 이것이야말로 바울이 말한 것과 정확하게 일치하는 말이다.

"늙은이를 꾸짖지 말고 권하되 아버지에게 하듯 하며 젊은이에게는

---

85. Gerald Hiestand and Jay S. Thomas, *Sex, Dating, and Relationships: A Fresh Approach* (Wheaton, IL: Crossway, 2012).

형제에게 하듯 하고 늙은 여자에게는 어머니에게 하듯 하며 젊은 여자에게는 온전히 깨끗함으로 자매에게 하듯 하라"(딤전 5:1-2).

그렇다면 젊은 미혼 남성들에게 묻겠다. 당신의 누나나 자매를 대하는 순전함이란 어떤 것인가? 그녀의 몸을 애무할 수 있는가? 열렬한 키스는? 잠자리는 가능할까? 절대 그럴 수 없다! 다른 사람도 아니고 당신의 누나, 여동생이 아닌가.

바로 이것이다. 다름 아닌 영적인 자매들을 대하는 순전함, 이것이 기준이다. 미혼의 그리스도인들에게 말한다. 여러분이 일반적으로 따라야 하는 기준은 이것이다. 당신의 오빠나 남동생, 혹은 누나나 여동생과 절대 하지 않을 행동은 다른 남자나 여자와도 하지 마라.

그러면 이것이 데이트에 관해 말하는 것은 무엇인가? 먼저 일러두고 싶은 말은, 내가 데이트 자체를 반대하지 않는다는 점이다.

미혼 남자들이 미혼 여자들에게 주도적으로 다가가서 결혼할 마음을 가지고 정중한 태도로 구애하는 것을 결코 반대하지 않는다. 오히려 열렬히 지지한다. 또 그런 것을 뭐라고 부르든 별로 개의치 않는다. 구애, 데이트, 고의적 우정, 뭐든 상관없다. 뭐라고 부르든 중요하지 않다.

중요한 것은 결혼하지 않은 사람들이 마치 결혼한 사이인 것처럼 행동하는 데이트는 성경에 없음을 이해하는 것이다. 히슈탄트와 토머스는 이렇게 말했다.

(부부관계 이외의) 성행위는 모조리 성경이 말하는 성 윤리를 벗어난다. 설령 그것이 강도 높은 성적 표현을 동반하지 않는다 해도 죄다(우리는 담대하게 이 말을 할 수 있는가?). 그런 행동 자체가 죄일 뿐 아니라 그것은 필연적으로 성적, 감정적 좌절감을 불러오고 이러한 좌절감은 다시 더 심한 성적 욕망을 불러일으킨다. 우리 "지체를 부정과 불법에 내주어 불법에 이르게" 하는 가히 최악의 상황이라 할 수 있다(롬 6:19). 이것은 단순한 현실이다. 틀림없이 여러분 중 많은 사람이 직접적인 경험을 통해 증명할 수 있을 뿐 아니라 우리가 다니는 교회의 청소년들과 미혼 남녀들에게서 끊임없이 되풀이되는 것을 목도해온 것이다.[86]

'포르네이아'에 대해 우리가 정의한 내용을 다시 떠올려보라. 성적인 죄란 남녀 간의 결혼 밖에서 이루어지는 성행위를 말한다. 그것은 당신의 배우자나 부모님이 다른 사람과 하다가 발각됐을 때 당신이 격노할 만한 종류의 행동이다. 그런데도 불구하고 많은 그리스도인이 자신의 배우자가 아닌 사람과 그런 행동들을 하면서도 문제를 느끼지 못한다. 모르는 사람이나 친구와는 하지 않아도 사귀는 사람과는 한다. 뭐가 다른가? "글쎄요, 우린 서로 헌신한 사이예요."라고 대답할지 모른다. 그러나 그것은 사실이 아니다. 사귀는 관계는 아무 조건 없이 언제라도 헤어질 수 있다. 약혼한 사이도 마찬가지다.

---

86. Ibid, p. 41.

데이트 단계에서의 헌신은 배타성을 의미할 수 있지만 분명 영구적인 헌신은 아니다. 서약도 없고, 영원불변한 것도 아닌데 어찌 헌신이라 할 수 있는가.

결론은, 결혼하기 전까지 당신은 미혼이다. 그리고 결혼할 때까지 성관계와 거리가 먼 행위를 포함한 모든 형태의 성적인 행동을 삼가야 한다. 나는 이것이 성경적 원리에 입각한 정당한 결론이라고 믿는다. 오늘날과 같이 술과 섹스에 도취된 세상에서 거룩함을 추구하려면 엄청난 용기와 세속을 초월할 수 있는 믿음이 필요하다. 스킨십을 오래 지속하는 행동(그 이상의 행동을 포함해서)은 젊은 남자들이 젊은 여자들을 "온전히 깨끗함으로 자매에게 하듯"(딤전 5:2) 대하는 태도가 아니다. 만에 하나라도 지금 사귀고 있는 사람과 결혼하지 않을 가능성이 있다면, 다른 누군가의 배우자가 될지도 모르는 사람과 당신 자신이 결혼한 다음에도 쉽게 지워지지 않을, 그렇고 그런 사랑의 행위를 나눌 이유가 무엇인가? 곧 결혼을 앞두고 있다면 결혼한 부부에게나 걸맞은 행동을 하는 대신 결혼 날짜를 앞당기는 것을 고려하라. 그래야 더 이상 미혼인 사람으로 행동할 필요가 없어질 테니까 말이다.

기미조차 보이지 마라

두 번째 본문인 에베소서 5장 3-12절은 첫 번째 본문만큼이나 우리에게 도전을 준다.

[3] 음행과 온갖 더러운 것과 탐욕은 너희 중에서 그 이름조차도 부르지 말라 이는 성도에게 마땅한 바니라 [4] 누추함과 어리석은 말이나 희롱의 말이 마땅치 아니하니 오히려 감사하는 말을 하라 [5] 너희도 정녕 이것을 알거니와 음행하는 자나 더러운 자나 탐하는 자 곧 우상 숭배자는 다 그리스도와 하나님의 나라에서 기업을 얻지 못하리니 [6] 누구든지 헛된 말로 너희를 속이지 못하게 하라 이로 말미암아 하나님의 진노가 불순종의 아들들에게 임하나니 [7] 그러므로 그들과 함께하는 자가 되지 말라 [8] 너희가 전에는 어둠이더니 이제는 주 안에서 빛이라 빛의 자녀들처럼 행하라 [9] 빛의 열매는 모든 착함과 의로움과 진실함에 있느니라 [10] 주를 기쁘시게 할 것이 무엇인가 시험하여 보라 [11] 너희는 열매 없는 어둠의 일에 참여하지 말고 도리어 책망하라 [12] 그들이 은밀히 행하는 것들은 말하기도 부끄러운 것들이라

이 본문에서 가장 기본적으로 발견할 수 있는 사실은 성적인 죄가 하나님 나라에 합당하지 않다는 것이다(5절).

자기 자신을 성적인 죄(탐심도 마찬가지다)에 전적으로 내맡기고도 조금의 뉘우침이 없는 사람들은 천국에 들어가지 못한다. 주목할 점은 바울이 이런 죄들을 범하지 말라고 말하는 데 그치지 않는다는 것이다. 하나님의 말씀은 그보다 더 높은 기준을 제시한다. 음행과 더러운 것과 탐욕(이 문맥에서는 특별히 다른 누군가의 육체에 대한 끝없는 욕망을 가리킨다)은 **그 이름조차 부르지 말라**고 말씀하신다. NIV성경에는 "기미조차

보이지 말아야 한다"는 표현이 사용되었다.

얼마 전 나는 출근하는 길에 차 안에서 라디오 방송을 들었다. 진행자가 좀 저질스러운 연예인에 대한 최신 뉴스를 말해주었다. 들통난 지 얼마 안 된 그의 부도덕한 행위를 깔깔거리며 이야기하는 동안 내 안에서 호기심과 역겨움이 동시에 발동했다. 감사하게도 그때 한창 이 장을 쓰던 중이어서 역겨운 마음이 호기심을 눌러 이겼고, 결국 다른 데로 채널을 돌릴 수 있었다. "그 기미조차 보이지 말라"는 말씀은 입에 담기도 민망한 추문 따위에 관심을 갖는 것 자체를 허용하지 않는다.

이와 마찬가지로 4절에서는 누추함과 어리석은 말이나 희롱의 말을 금하고 있다. 중학교 1학년 때쯤, 우리 반 남학생들 중에 모든 말을 성적인 것으로 바꾸는 아이들이 있었다. 가령 선생님이 칠판 위의 분필을 언급하시기만 해도 뒷줄에 앉은 몇 녀석은 마치 바보인형처럼 낄낄대고 웃었다. 너무 어이가 없었고 지금 생각해도 그들 머릿속에 뭐가 들어 있었는지 모르겠다. 어떤 사람들은 성인이 된 후에도 정신 상태가 그런 조잡한 수준을 벗어나지 못한다. 저급한 정신세계를 가진 인간들이 성적 암시나 함축, 중의(重義)를 담는 천박한 대화를 주고받는 모습은 지금도 라커룸이나 술집, 청년부 수련회 등에서 흔히 볼 수 있다.

이런 상황에서 앞의 본문은 큰 도전을 준다. 우리가 웃고 떠드는 대상에 대해, 우리가 옷 입는 방식에 대해, 우리가 선택하는 텔레비전 채널, 보고 즐기는 영화들, 스포츠 중계 사이사이에 나오는 맥주 광고들에 대해 본문은 무엇을 말해주는가? 온갖 성적 암시와 수치스럽고 은밀한 일들이 공공연하게 방송되고 다양한 종류의 성적인 죄가 정상적이고 매력적이고 유쾌한 것처럼 포장되는 이 모든 현실이 과연 정당한 것인가?

악을 묘사하거나 서술하는 것은 또 다른 문제다. 나는 좋은 책이나 영화는 '죄'라는 주제를 반드시 피해야 한다고 생각하지 않는다. 진지하고 수준 높은 영화나 텔레비전 쇼, 연극, 뮤지컬, 책 등이 얼마든지 있으며 그런 작품들은 대개 죄의 문제를 다룬다. 죄 자체는 문제가 아니다. 성경만 해도 고약한 범죄 이야기로 가득하다. 범죄 장면을 시청하거나 책으로 읽으면 자기도 그런 죄를 짓게 된다고 이야기하는 것은 지나치게 단순하고 도덕적으로도 증명되지 않은 생각일 뿐 아니라 성경적이지도 않다. 성경은 결코 짜릿한 자극을 위해 죄를 묘사하지 않는다. 악을 선으로 미화해서 표현하지도 않는다. 즐거움을 위해 악을 이용하지도 않는다(악을 조롱하는 경우는 예외다). 성경은 죄가 정상적이고 의가 이상한 것처럼 보이게 하여 양심을 둔감하게 만들지 않는다. 목선이 깊이 파여 가슴이 드러난 사진 따위는 없다.

우리가 눈앞에 어떤 것들을 놓고 보는지 심각하게 검토할 필요가 있다. 당신 앞에 있는 소파에서 어떤 부부가 성관계를 하고 있다고 치자. 그렇다면 당신은 의자를 바짝 당겨서 그것을 구경하겠는가? 그럴 리 없다. 그런 건 성도착증이나 관음증 환자가 하는 행동이다. 그런데 왜 사람들은 그 장면을 녹화한 후 나중에 보는 것은 괜찮다고 생각하는가?

이런 경우는 어떤가? 해변에서 옷을 거의 벗다시피 한 잘생긴 남자나 예쁜 여자가 당신에게 다가와 "여기 수건을 깔고 앉아서 저를 좀 쳐다보고 계세요."라고 말했다 치자. 그러면 당신은 그렇게 하겠는가? 아니 생각만 해도 징그럽고 소름끼친다. 그런데 왜 그와 똑같은 장면이 3층짜리 빌딩만 하게 확대 전시되는 것은 문제가 되지 않는 것인가?

솔직히 우리는 외설스럽거나 성적인 자극거리를 일부러 찾아서 즐기고 난 다음, 무해한 기분전환이었을 뿐이라고 말하곤 한다. 피터 오브라이언은 에베소서 5장 3절을 해석하면서, 그리스도인이라면 마땅히 온갖 형태의 성적인 죄를 피해야 할 뿐 아니라 "그런 것들에 대해 생각하지도, 언급하지도 말아야" 한다고 이야기했다.[87] "천박한 말 속에 감춰진 저급한 정신 상태를" 드러내지 않으려면 우리가 하는 농담조차 깨끗해야 한다.[88]

만약 오브라이언의 지적처럼 "성적으로 잘못된 것을 생각하고 이야기하는 것이 그런 것을 허용하고 그런 행위들을 조장하는 분위기를 조성한다"면, 돈을 내면서 그런 음란물을 보러 가고 또 그것을 보며 웃고 즐기는 행동이 어떻게 정당화될 수 있겠는가? 성적 쾌락과 자극으로 양심을 약화시키고 영적 민감함을 둔화시키는 관능적 장면들을 어떻게 가만히 보고 있을 수 있단 말인가(설사 TV의 공중파 방송, 혹은 12세 이상 관람가라 하더라도 말이다).

---

87. Peter T. O'Brien, 『The Letter to the Ephesians』 (Grand Rapids, MI: Eerdmans, 1999), p. 360.
88. Ibid., p. 361.

교회 다니는 사람들이 스트레스를 푸는 많은 행위가 사도바울이 제시한 검열 기준을 통과하지 못할 수 있다는 가능성을 염두에 두어야 한다. 하나님의 기준은 말할 필요도 없다.

신학교에 다닐 때의 일이다. 어느 날 밤 여럿이 모여 '인디아나 존스' 3편을 보고 있었다. 그것은 성배에 대한 내용이다. 그 영화를 봤다면 기억할지 모르지만, 거기서 인디아나 존스는 아버지와 함께 악당들과 맞서 싸운다. 그리고 영화의 어느 장면에서 아버지 존스 박사로부터 놀라운 이야기를 듣게 된다. 그가 폭로한 내용은 그와 그의 아들이 동일한 나치 여자와 잤다는 이야기다. 그것은 웃기려는 의도가 담긴 장면이었기 때문에 그 자리에 있던 신학생들 대부분이 남녀를 막론하고 큰소리로 웃었다. 그러자 평소 교우들 사이에서 존경받던 나이 지긋한 신학생 한 명이 큰소리로 주의를 환기시켰다. "여러분, 지금 우리가 보고 있는 내용은 간음과 근친상간입니다. 절대로 웃을 수 있는 내용이 아닙니다."

이런 설교조의 말에 그 자리에 있던 대부분의 사람들이 언짢아했던 것 같다. 하지만 시간이 흐르면서 그 사건에 대해 생각하면 할수록 그분의 말씀이 옳았다는 생각이 든다. 아들과 아버지가 같은 여자랑 간통했다고? 이런 종류의 부도덕함은 바울 당시의 이방인들 사이에서도 허용되지 않던 일이다(고전 5:1). 바울은 고린도교회 교인들에게 그런 일을 통한히 여기라고 말했다(고전 5:2). 그런데도 우리는 깔깔거리고 웃는다.

형제자매들에게 당부한다. 지금보다 더 바짝 정신을 차리고 깨어 있어야 한다. 우리 자녀와 가족에 대해, 페이스북과 문자 메시지와 트위터를 사용할 때 우리 자신의 눈과 마음을 지키는 일에서 말이다. 우리는 지금 우리를 둘러싼 문화와 구별되고 있는가? '우리는 당신처럼 행동하지 않을 것이고, 방탕하게 살지도 않을 것이다. 다만 당신의 그런 행동을 즐겁게 감상해주겠다'고 속으로 되뇌며 우리 내면에 가짜 평안을 심어온 것은 아닌가?

바울이 입에 올리지도 못할 행동들, 감히 농담거리로도 삼지 못할 죄들, 언급하는 것조차 부끄러운 행동들을 우리는 시트콤 속에서, 혹은 TV보다 더 큰 스크린으로 듣고 보며 살고 있다. 우리 그리스도인의 삶도 다른 어느 것 못지않게 세속에 물들어 있다. 한 달 동안 텔레비전도 끄고 영화 관람도 중단해보라. 그렇게 한 달이 지난 후, 우리 앞에 어떤 것들이 펼쳐지는지 확인해보라. 많은 사람이 매순간 들이키는 독주에 무감각해진 것은 아닌지 두렵다. 성적인 죄에 관한 한, 죄가 정상으로 보이고 죄짓지 않고 바르게 사는 것이 도리어 별종인 것처럼 보이는 현실이다. 그 속에서 우리는 여느 사람들과 똑같은 모습으로 살아가고 있다.

왕답게 행하라

이번 장에서 다루는 부분은 우리가 그리스도 안에 있음을 인식하는 것이 도움되는 또 다른 성화의 영역이다. 에베소서 5장 3-12절에는 극명한 대조가 나타난다. 불순종의 아들들과 어둠의 자식들은 마음속으로 늘 성적인 죄를 생각하고 행동으로 옮기는 자들이다. 그들이 성적으로 깨끗하지 못하게 행동하는 것은 그들 자신이 깨끗하지 못하기 때문이다. 깜깜한 데서 은밀히 부끄러운 짓을 하는 것은 어두운 그들의 본성이다.

반면 우리 그리스도인은 빛의 자녀들이다. 우리는 그리스도와 하나님 나라에 속했다. 우리는 그리스도 안에서 거룩하다 선포되고 그분의 영으로 말미암아 거룩해진 거룩한 성도들이다. 그러므로 우리가 성적인 죄를 범하는 것은 잘못된 일일 뿐 아니라 어울리지도, 합당하지도 않다. 전에는 우리가 어둠이었으나 이제 주 안에서 빛이다(엡 5:8). 그런데 왜 다시 음란함과 방탕함, 어리석은 '포르네이아'로 돌아간단 말인가? 더 이상 우리는 그런 것과 상관없는 존재다.

영화나 음악, 또는 데이트나 패션 스타일 등 성경이 직접적으로 다루지 않는 문제에 대해 지나치게 독단적으로 말할 수 있다는 위험이 있다. 우리는 믿음이 좋은 그리스인들도 서로 다르게 선택할 수 있다는 사실을 인정해야 한다. 나는 그리스도인이 가진 실제적인 자유나 양심의 역할을 제한할 마음이 없다. 그럼에도 불구하고 당신이 그리스도 안에 있다면 당신의 양심이 제대로 작동하고 있는지 살펴볼 것을 당부하고 싶다. 성적 순결을 위한 투쟁에서 세상은 결코 우리 편이 아니다. 날마다 우리는 성적으로 찌든 공기를 들이마시고, 끊임없이 밀려드는 성적 이미지들에 둘러싸여 살며, 우리의 정체성이 성에 의해

결정된다는 믿음을 강요당한다. 성적인 것이 상품 가치도 높다. 심지어 믿을 만한 상대에게 내면의 갈등을 고백하면서 결혼할 때까지 기다리는 그리스도인들조차 인터넷을 통해, 매표소나 쇼핑몰에서, 또는 여러 다른 수단을 통해 성 관련 상품들을 소비한다. 성적 부도덕은 우리 눈길이 닿는 모든 곳에 널려 있으며, 그리스도의 마음을 가진 우리 안에서조차 눈을 감고 보지 않으려는 노력을 찾아보기 힘들다.

목회자로서 덧붙이는 말

이번 장은 위로보다 권면에 치중한 것이 사실이다. 일부러 그렇게 했다. 나는 우리가 음란이나 성적인 죄에 지나치리만큼 관대하다고 생각한다. 많은 그리스도인에게 경각심을 일깨우는 충격이 필요한 이유다.

한편 적지 않은 목회 경험에 비추어, 나는 이 글을 읽고 있는 형제자매들 중 많은 분들이 이미 자신의 성적 잘못에 대해 뉘우치고 있을 거라 짐작한다.

그들은 포르노를 싫어하면서도 자신도 모르게 끌리고, 자위행위를 혐오하면서도 어쩔 수 없이 계속하는 자신에 대해, 그리고 지난 수년간 자기가 보고 듣고 행한 많은 일들을 후회할 것이다. 성에 대한 말만 나와도 스스로 더럽고, 추하고, 구제불능인 것처럼 움츠러드는 그리스도인들도 있다. 만에 하나 내 말이 상처가 된다면 낫게 하고 싶은 갈망 때문임을, 그 마음이 전부임을 알아주기 바란다.

죄의 습관이 얼마나 깊이 뿌리박혀 있는지에 상관없이 하나님 말씀의 권위에 의지하여 선포한다. 당신이 처한 상황은 결코 절망적이지 않다! 복음이 있는 한 깨끗하게 될 소망이 있다. 성령이 계시는 한 능력을 주실 거라는 소망이 있다. 그리스도가 계시는 한 새롭게 변화될 수 있다는 소망이 있다. 하나님의 말씀이 존재하는 한 거룩하게 될 소망이 있다!

당신이 그리스도와 함께 죽었다면 또한 그리스도와 함께 다시 살지 않겠는가?(롬 6:4-8) 그리스도와 함께 십자가에 못 박혔다면 이제 당신 안에 사는 것은 (그분의 정결케 하시는 능력과 더불어) 예수 그리스도 그분이 아닌가?(갈 2:20) 하나님이 자기 아들을 아끼지 아니하시고 당신을 위하여 내어주셨다면 그 아들과 함께 어찌 모든 것을 당신에게 주시지 않겠는가?(롬 8:32) 하나님은 (몇 번이라도 계속해서) 용서하실 수 있고 (더 많은) 능력을 공급하실 수 있다. 또한 하나님은 당신을 변화시키실 수 있다. 영광에서 영광에 이르는 그 길이 아무리 느리고 더딜지라도, 한 발자국 가는 것이 아무리 고통스러울지라도 말이다.

성경공부를
위한 질문들

|8장| 성도와 성적인 죄

1. 당신은 육체적이고 성적인 문제와 관련하여 타협하는 영역이 없는가? 양심이 무뎌졌다는 증거가 조금이라도 보이는가? 왜 당신은 그 영역에서 약한 것일까?

2. 우리 문화에서 우리 몸이 그리스도가 아닌 우리 자신에게 속했다는 생각을 은근히, 혹은 대놓고 퍼뜨리는 요인들은 무엇인가?

3. 당신의 삶 속에 여전히 죄에 잠식당한 또 다른 영역은 없는가? 이 영역에서 당신이 순종하려면 그리스도와의 연합이 어떻게 영향을 미쳐야 하는가?

THE HOLE IN OUR HOLINESS

9 / 거하고 순종하라

우리는 3장에서 거룩함이 그리스도를 **닮아가는** 것이며, 7장에서 그리스도를 닮아가는 것은 그리스도 **안에** 있는 자들에게만 가능하다는 것을 살펴보았다.

이제 나는 '성화'라는 다이아몬드를 다른 각도에서 검토하여, 그리스도 안에 있는 자들이 그리스도와 **함께하는** 친밀함 안에서 자라는 것을 목표로 삼아야 한다고 주장하려 한다. 기억할 점은 거룩함을 추구하는 것이 무언가 얻으려고 쫓아가는 것이라기보다 어떤 존재를 추구하는 것이라는 사실이다.

선택, 칭의, 성화, 영화를 비롯한 그 외 모든 복음의 축복이 오직 그리스도 안에만 존재한다.[89] 우리는 단지 거룩함만을 원하지 않는다. 우리는 거룩하신 하나님을 원한다. 그분 안에서 우리는 거룩하다 여겨지며 거룩한 자로 지어져가고 있다. 그러므로 힘써 거룩함을 향해 나아가는 것은 힘써 하나님을 향해 나아가는 것과 같다. 영원불변의 객관적 칭의가 천천히 성장해가는 주관적 성화로 이끄는 것처럼, 한결같은 그리스도와의 연합은 점점 깊어지는 **그리스도와의 교제**로 이끈다.

연합과 교제

몇 년 전 우리 교회는 새로운 신앙고백문을 채택했다. 여러 조항 중에 '연합'과 '교제'를 언급하는 조항이 있었다. 통찰력 있는 성도 한 분이 '연합'과 '교제'라는 두 단어가 결국 같은 말을 되풀이하는 게 아니냐고 질문하셨다. 맞는 말이다. 이 둘은 서로 연관이 있다. 하지만 동의어는 아니다. '그리스도와의 연합'은 절대 돌이킬 수 없는 성령의

---

[89]. 존 칼빈은 가히 최고라고 꼽을 만한 어느 글에서 이렇게 썼다. "우리는 우리의 구원 전체와 구원의 모든 요소들이 그리스도 안에 망라되어 있음을 안다(행 4:12). 따라서 그리스도가 아닌 다른 어디에서도 구원 비슷한 것을 얻으려 하지 않도록 조심해야 한다. 우리가 찾는 것이 구원이면 그것이 '그리스도 예수께 속한 것' 임을 예수라는 바로 그 이름이 우리에게 가르쳐준다(고전 1:30). 우리가 찾는 것이 성령이 주시는 다른 어떤 은사들이라면 그분의 기름부으심 안에서 그것들을 발견하게 될 것이다. 우리가 찾는 것이 능력이라면 그것은 그분의 주권 안에 존재한다. 순결함이라면 그분의 잉태되심 안에 존재하며, 또 온유함이라면 그분의 태어나심 안에서 나타난다. 왜냐하면 우리의 고통에 동참하는 법을 배우시기 위해(히 5:2 참조) 친히 육신의 모습으로 나서서 범사에 우리와 같아지셨기 때문이다(히 2:17). 우리가 찾는 것이 구속이라면 그것은 그분의 고난 속에 존재한다. 무죄선고라면 그분의 정죄받으심 속에, 저주에서의 해방이라면 그분의 십자가 속에(갈 3:13), 율법의 요구를 만족시키는 것이라면 그분의 희생제물 되심 속에, 정결케 함이라면 그분의 보혈 속에, 하나님과의 화목함이라면 그분이 지옥으로 내려가심 속에, 육신을 죽이는 것이라면 그분의 무덤 속에, 새로운 생명을 얻는 것이라면 그분의 부활 속에, 영원한 삶이라면 동일하게 그분의 부활 속에, 하늘나라를 기업으로 얻는 것이라면 그분이 천국에 들어가심 속에 존재한다. 보호하심과 안전함과 온갖 축복을 풍성하게 부어주심이 그분의 나라 안에 있고, 두려움 없이 심판을 기다림이 그분께 위임된 심판의 권세 안에 있다. 한마디로 각양각색의 신령한 복이 그분 안에 넘치도록 풍성하다. 그러므로 이제 우리가 생명 샘의 근원되시는 그분으로부터 마음껏 마시고 다른 어떤 곳에서도 생수를 구하지 말자"(*Institutes* 2.16.19).

역사다. 한번 연합하면 어떤 것도 우리를 그리스도와 갈라놓을 수 없다는 말이다. 어떤 것도 그 연합의 상태를 더하거나 덜하게 바꿀 수 없다. 그리스도와의 연합은 한마디로 변동불가다. 반면 '그리스도와의 교제'는 죄나 하나님의 은혜에 반응하지 않는 것 등의 영향을 받을 수 있다. 결혼과 마찬가지다. 결혼한 상태가 더하거나 덜할 수 없지만(연합) 결혼의 유대가 더 강하거나 약할 수는 있다(교제). 즉 하나님이 정해 놓으신 은혜의 수단에 열심을 쏟으면 그리스도와의 관계가 깊어질 수 있다. 역설적으로 다시 표현하면, 그리스도 안에서 구원으로 말미암아 교제를 누리는 사람은 그리스도와 **함께하는** 교제를 점점 더 가꾸어야 할 의무가 있다. 칼빈의 말과 같다. "결코 끊을 수 없는 사귐의 끈으로 그리스도께서 우리와 붙어 계신다. 게다가 놀라운 교제를 통해 마침내 우리와 온전히 하나가 되시기까지 날마다 조금씩 더 우리와 한 몸이 되어 가신다."[90]

같은 말을 장황하게 되풀이하고 싶지 않지만, 그리스도와의 교제가 그리스도와의 연합 위에 서 있는 것이지 그 반대가 되면 안 된다는 사실을 인식해야 한다. 일부 신비주의적, 관조적 전통에서는 우리가 어떻게 믿음으로 그리스도와 연합되었는지에 관심을 기울이기 전에 그리스도와의 교제를 강조한다. 복음의 시작은 그리스도를 묵상하고 하나님 안에 흠뻑 빠지라는 초청이 아니다. 복음은 먼저 그리스도의

---

90. *Institutes* 3.2.24.

인격과 사역을 선포한 다음 우리에게 그분의 인격과 사역을 신뢰하라고 요청한다. 싱클레어 퍼거슨이 지적한 것처럼 "구원의 길은 '관조'(contemplation)가 아니라 '속죄'(atonement)다."[91] 우리는 사도들이 강조한 핵심적 범주, 곧 성육신, 구속, 대속, 화목, 칭의 등을 지나쳐 곧장 하나님과의 교제로 나갈 수 없다. 복음의 요구는 묵상과 관조가 아닌 회개와 믿음이다. 오직 이러한 믿음의 행사를 통해서만 우리가 그리스도와의 연합을 소유하게 된다. 그리고 이 연합에 근거해서 더 깊은 그리스도와의 교제를 추구하는 것이 우리의 특권이자 책임이다.

'교제'라는 말은 그리스도와의 사귐을 뜻한다. 존 오웬은 그의 명저 『성도와 하나님과의 교제』(생명의말씀사 역간)에서 우리가 어떻게 삼위 하나님 한 분 한 분과 각각 교제를 나눌 수 있는지 자세히 진술하고 있다. 성부 하나님이 우리와 나누시는 특별한 교제는 사랑이고, 성자 하나님과의 교제는 은혜, 성령 하나님과의 교제는 위로다. 그 책은 교제가 얼마나 포괄적이고 복합적인 주제인지 상세하게 논증한다. 그러나 감사하게도 오웬의 빽빽한 글 이면에는 하나님과의 교제가 하나님과 우리 사이의 "상호 관계"로 구성된다는 단순하면서도 핵심적인 주장이 깔려 있다.[92] 따라서 내가 그리스도와의 교제를 언급할 때, 그것은 그분과 우리의 관계를 돈독하게 하는 것을 의미한다. 그리스도와의

---

91. Sinclair Ferguson, "The Reformed View," in *Christian Spirituality: Five Views of Sanctification*, ed. Donald L. Alexander (Downers Grove, IL: IVP Academic, 1988), p. 195.
92. Kelly M. Kapic, "Worshiping the Triune God: The Shape of John Owen's Trinitarian Spirituality," in *Communion with the Triune God*, ed. Kelly M. Kapic and Justin Taylor (Wheaton, IL: Crossway, 2007), p. 20.

교제가 깊어질수록 우리는 그분과 달콤한 친밀함을 누리게 된다. 또 그리스도를 아는 지식과 그분을 향한 사랑에서 자라가며 우리를 향한 그리스도의 사랑과 친밀함을 더욱 풍성히 경험하게 된다. 더욱이 (이 책의 목적에도 적합하면서) 가장 중요한 핵심은, 우리가 날마다 조금씩 더 그리스도의 은혜를 깨닫고 맛보는 그분과의 교제를 발전시킬수록 더 온전하고 자유롭게 그리스도께 순종하게 된다는 것이다.

계명을 지키며 사랑 안에 거하기

하나님과의 교제와 거룩함을 추구하는 것, 이 두 가지를 그리스도인의 삶에 대한 정반대의 접근법으로 보려는 유혹이 있을 수 있다. 그리스도인들 중에 예수님과의 인격적 관계를 강조하는 무리와 "예수님께 순종하는 게 전부다." 라고 주장하는 무리가 있다고 가정해보자. 전자는 후자에 대해 율법적이라고 주장하고, 후자에 속한 그리스도인들은 전자가 애매모호하고 주관적인 성향으로 치우쳐 있다고 말한다.

그러나 성경은 그리스도와의 교제와 그분에 대한 순종에 그와 같은 구분을 허용하지 않는다. 사실 그 둘을 따로 떼어서 말하기란 극히 어렵다. 요한복음 15장에서 예수님은 제자들에게 "내 안에 거하라 나도 너희 안에 거하리라"(요 15:4) 말씀하신다. 그리고 계속해서 "나는 포도나무요 너희는 가지라 그가 내 안에, 내가 그 안에 거하면 사람이 열매를 많이 맺나니 나를 떠나서는 너희가 아무것도 할 수 없음이라"(요 15:5) 하신다. 그리스도께서 우리 안에 거하시므로 우리도 그분 안에 거해야 한다. 그렇다면 어떻게 그리스도 안에 거할 수 있는가? 9-11절에 따르면 그리스도께 순종함으로써 그분 안에 거하게 된다. 또 우리가 그리스도의 계명을 지키면 그분의 사랑 안에 거하게 될 것이다(요 15:10). 그리스도가 우리 안에, 우리가 그리스도 안에 거하는 이러한 상호 내주(mutual indwelling)는 개인적인 거룩함과 분리될 수 없다. 이 말을 D. A. 카슨이 잘 설명했다. "하나님은 당신의 생명과 당신의 영으로 자기 백성들을 새롭게 하심으로써, 또 그들 가운데 당신의 임재를 나타내심으로써 그 백성들 안에, 또 우리 가운데 머무신다(요 14:16, 23 참고). 한편 하나님의 백성 된 그들은 하나님의 계명들을 지킴으로 그분 안에 머문다."[93]

물론 거하는 것과 순종하는 것 사이에 엄격한 시간적 순서를 적용하지 않도록 조심해야 한다. 그러지 않으면 먼저 순종해야만 하나님 안에 거할 수 있다고 생각하는 우를 범하게 된다. 그런가 하면 전심으로 하나님 안에 거하려고 노심초사하다가 순종에까지 힘이 미치지 못하는 경우도 있다. 사실 두 개가 거의 같은 뜻이다. 하나님 안에 거하는 것이 곧 순종하는 것이요, 순종하는 것이 곧 하나님 안에 거하는 것이다. 낙담에 빠진 신자들은 그들이 포도나무에 붙어 있기만 하면 열매를 맺는다는 사실을 다시금 기억해야 한다. 예수님을 떠나서는 아무것도 할 수 없다(요 14:5-6). 마찬가지로 나태한 신자들 역시 되새겨야

---

93. D. A. Carson, *The Gospel According to John* (Grand Rapids, MI: Eerdmans, 1991), pp. 516-517.

할 것이 있다. 그리스도의 사랑 안에 머무는 것과 풍성한 생명을 경험하는 것에 대해 진지하게 생각한다면 아버지의 계명에 순종하는 일에도 마땅히 진지해야 한다는 사실이다(요 14:10-11). 그리스도와의 사귐은 그분에 대한 충성과 따로 떨어져 존재하지 않는다.

이러한 연관성은 요한이 쓴 복음서 못지않게 그의 서신서에도 분명하게 드러난다. 그리스도 안에 사는 자는 그분이 행하시는 대로 자기도 행해야 한다(요일 2:6). 그리스도 안에 거하는 자마다 범죄하지 않는다(요일 3:6). 사랑하지 않는 자마다 영생이 그 속에 거하지 않는다(요일 3:15). 하나님의 계명을 지키는 자는 하나님 안에 거하고 하나님은 그의 안에 거하신다(요일 3:24). 만일 우리가 서로 사랑하면 하나님이 우리 안에 거하시고 우리는 하나님 안에 거한다(요일 4:12, 16). 이미 살펴보았듯이 요한이 우리에게 도덕적으로 흠이 하나도 없어야 한다고 말하는 게 아니다. 우리에게는 죄를 지었을 때마다 곧장 달려가 용서를 구할 수 있는 대언자가 있다(요일 1:9, 2:1). 하지만 그리스도 안에서 용서받을 수 있다는 확신이, 아무 생각 없이 (심지어 대놓고!) 그리스도께 불순종하는 뻔뻔스러움을 정당화하지 못한다. "거하다"라는 말은 요한이 쓴 글에 유독 많이 등장한다. 심지어 신약성경 나머지 전체를 합친 것보다 많다. 그가 바라는 것은 우리가 지금의 삶과 나중에 임할 하나님 나라에서 그리스도와의 사귐이 놀랍게 성취된다는 것을 깨닫는 것이다. 그런데 이러한 사귐에는 실제적인 증거가 따라야 한다. [94]

---

94. Rudolf Schnackenburg, *The Johannine Epistles*: *A Commentary*(New York: Crossroad, 1992), p. 103 참고.

즉 거룩함이 안중에도 없는 태도는 그리스도와의 사귐이 없고 그 안에 거하지 않는다는 것을 보여주는 표시다. 반대로 그리스도와 동행하며 그와의 교제를 누리는 삶에는 그리스도가 행한 것처럼 행하고 그분의 계명을 지키는 것이 반드시 따르기 마련이다.

네 가지 실천 과제

그리스도와의 교제가 거룩함에 필수적이고 반드시 거룩함으로 이어져야 하며 어떤 면에서 거룩함과 거의 같다고까지 한다면, 어떻게 해야 그 교제를 더 깊이 있게 만들어 갈지 고민하는 게 당연하다. 다시 말해 그리스도와의 연합, 그리스도와의 교제를 추구하는 것이 우리의 특권이자 책임이라면, 이러한 교제를 더 많이 누리고 보다 풍요롭게 하기 위해 우리가 실제로 해야 할 일은 무엇인가?

이 질문에 대한 대답은 어떤 면에서 "아무것도 없다."이다. 우리는 어떤 것도 하지 않는다. 하나님이 우리를 위해, 우리와 함께, 우리를 통해 많은 일을 하신다. 우리의 감정은 좋았다 나빴다 하고, 우리가 느끼는 친밀감은 높아졌다가 낮아진다. 하지만 하나님은 언제나 그 자리에 계신다. 하나님께서는 우리의 의식적인 노력과 별개로 우리를 거룩하게 하시는 나름의 방법이 있다. 여러 가지 사건과 상황을 가만히 우리 삶 속에 끌어들여서 그것을 통해 우리를 낮추시고 정결케 하심으로 우리를 그리스도께로 이끄신다. 때로는 고난을 사용하셔서 우리의 모난 부분을 다듬으시고 제멋대로 하려는 성향을 꺾으신다.

설사 어떤 특정한 방식을 통해 우리를 그리스도께로 인도하셨는지 모를지라도 시간이 갈수록 우리가 확실히 알게 되는 것이 있다. 바로 예수님을 향한 우리의 사랑이 더 강해졌고, 예수님과의 관계가 더 확고해졌으며, 예수님이 우리와 함께하신다는 믿음이 더 강렬해졌다는 사실이다.

어둡고 캄캄한 시간을 지날 때나 메마른 곳을 다닐 때도 그때, 그곳에서 하나님이 일하셨음을 발견할 것이다. 자기를 주목하기 바라며 한쪽 구석에 숨어서 우리가 자기의 딱딱한 껍데기를 깨고 들어와주기를 기다리는 그리스도의 모습을 마치 그리스도와의 사귐인 양 착각하면 안 된다. 예수님은 끊임없이 손 내미시고, 구애하시고, 말씀하시고, 애원하시고, 움직이시고, 문 밖에 서서 두드리신다(계 3:20).

어떤 면에서의 대답이 "아무것도 없다."라면, 또 다른 측면으로는 "뭔가 해야 한다."가 답이 될 것이다. 그렇다. 우리를 더 가까이 이끄시는 그리스도의 사역은 종종 우리가 그분의 간섭하심을 알지 못하는 사이 은밀하게 이루어진다.

하지만 우리의 역할도 있다. 여느 관계와 마찬가지로 그리스도와의 관계에서 자라가기 위해 우리가 개발하고 열심히 실천해야 하는 습관들이 있다.

(1) 기도를 통해 그리스도와의 교제를 추구한다

기도의 당위성은 성경 말씀으로 증명할 수 있다. 예수님은 기도를 최우선 순위로 삼으셨다(막 1:35). "기도를 계속하고"(골 4:2) 더 나아가 "쉬지 말고 기도하라"(살전 5:17)고 명령하신다. 그리스도인들이 모두 동의하는 한 가지가 바로 하나님이 우리의 기도를 원하신다는 것이다.

그리스도인들이 전부 동의하는 다른 한 가지는 기도를 많이 하지 못할 때 죄책감이 든다는 것이다. 죽음을 앞둔 순간에 '기도하는 데 더 많은 시간을 쓰지 않아 정말 다행이야.' 라고 생각한 그리스도인이 과연 한 명이라도 있었을까? 기도해야 한다는 것은 우리 모두가 알고 있고, 또 우리 스스로 원하는 바다. 최소한 기도하고 싶은 마음이라도 갖기를 원한다. 하지만 경험상 "해야 한다"는 당위가 우리를 쉬지 않고 기도하는 자리로 이끌지 못한다. 거기에는 '교제'라는 요소가 빠져 있다. 의지력을 짜내고, 15분 일찍 알람을 맞춰 놓고, 영성 훈련이 잘되고 있다는 안도감을 느끼기 위해 몇 분 더 중얼중얼하는 것이 전부가 아니다. 기도에 들이는 시간이 곧 우리의 창조자, 중재자, 구원자, 친구이신 그분과 함께 보내는 시간임을 이해해야 한다. 우리의 목표는 그분과의 교제다. 해야 할 일을 적은 목록에서 한 줄을 지우는 것이 아니다.

기도를 권고하는 두 가지 경우를 살펴보자. 첫 번째는 『경건한 삶을 위한 부르심』에서 윌리엄 로가 한 말이다.

그리스도인이라면 건강에 이상이 없는 한 당연히 아침에 일찍 일어나야 한다고 생각한다. 왜냐하면 노동자나 상인이나 고용인이라서, 혹은 그러한 요구가 따르는 업종에 종사하기 때문이라는 것보다 그리스도인이기 때문에 일찍 일어난다는 생각이 훨씬 더 합리적이기 때문이다.

그러므로 당연히 하나님을 찬양해야 하는 시간에 여전히 침대 속에서 잠과 어둠에 갇혀 헤매고 있는 모습, 또 달콤한 잠의 노예가 되어 경건은 나 몰라라 하는 모습이 천국의 관점으로 볼 때 얼마나 역겹게 느껴지는지 깊이 인식하자.

세속적인 직무를 제대로 수행하느니 차라리 잠이나 자겠다는 나태한 사람이 게으른 밥벌레라는 비난을 면치 못한다면, 마음을 다해 하나님께 찬양과 경배를 올려드리기보다 침대에 웅크리고 누워 있는 것을 더 좋아하는 사람은 얼마나 더 비난받아야 마땅한가!

잠이란 본래 둔하고 어리석은 생존 상태이기에, 한낱 동물들 사이에서조차 잠만 자는 동물이 가장 경멸을 받는다. 따라서 이른 아침에 일어나 하나님을 예배하기보다 잠에 취한 즐거움을 연장하는 사람은 영혼이 할 수 있는 최고의 고상한 행위가 아닌 따분하기 짝이 없는 육신의 원기 회복을 선택하는 것이며, 천사들도 흠모하는 행위가 아닌 한낱 동물들에게조차 치욕거리가 되는 상태를 선택하는 것이다.[95]

이것이 성도로 하여금 기도하도록 설득하는 방법 중 하나라면, 또 다른 방법도 있다. 이번에는 토머스 굿윈의 말을 살펴보자.

---

95. William Law, *A Serious Call to a Devout and Holy Life* (ReadaClassic, 2010), pp. 141-142(서문강 역, 『경건한 삶을 위한 부르심』, 서울: 크리스챤다이제스트, 2002).

진정한 우정의 본질은 상호 교제에 있다. 친구와 나누는 친밀한 대화 속에는 무엇과도 비교할 수 없는 달콤함이 배어 있다. (그러니까 하나님 앞에) 당연한 의무로서 날마다 예배드리며 하나님을 높이는 것 외에, 일부러 시간을 내어 하나님 앞에 나아가 그분과 교제를 나누라. 여기에 우정의 참맛이 있다. 왜냐하면 끊임없이 만날 때 우정이 가장 잘 유지되고 더욱 깊어지기 때문이다. 또한 이런 만남이 긴급하거나 중대한 용무 없이 자유롭게 이루어질수록 그만큼 더 우정 어린 만남이 된다. 예전에는 친구의 마음을 단속하고 싶을 때 이런 책망의 말을 사용하곤 했다. "용무가 있을 때는 잘도 (어김없이) 찾아왔잖아. 언제 나를 만나러 올 거니?" 친구의 얼굴을 보러 갈 때는 그 친구에 대한 사랑이 여전히 변함없다는 것을 자꾸 말하라. 다른 어떤 것보다 그런 표현을 많이 하려고 노력하라. 친구의 마음을 사로잡는 데 이보다 더 나은 방법은 없다.[96]

긴 안목으로 볼 때 어떤 접근법이 당신에게 더 유용하겠는가? 윌리엄 로의 말을 들으면 자명종 버튼을 누르고 다시 잤다가는 큰일 날 것 같다. 토머스 굿윈의 말은 기도하고픈 마음을 불러일으킨다. 하나님께 가까이 나아가는 행복을 원하지 않을 사람이 누가 있으며, 속마음을 털어놓고 친구와 이야기하는 것을 기뻐하지 않는 사람이 어디 있단 말인가? (이 땅에 사는 한) 기도는 항상 어렵고 끊임없는 훈련이 필요한

---

96. *Puritan Papers*, 제2권 1960–1962 (Phillipsburg, NJ: P&R, 2001) 중 "The Puritan Idea of Communion with God," 114–115쪽에서 J. I. Packer가 인용한 내용 (강조는 그가 한 것임).

일이다. 그러나 기도를 하나님과의 교제 수단으로 보기 시작하면 어느 순간 '꼭 해야 하는 의무'가 아닌 '하고 싶은 일'로 다가온다.

(2) 진리의 말씀을 통해 그리스도와의 교제를 추구한다

앞에서 우리는 요한복음 15장을 통해 그리스도 안에 거하는 것이 그분에 대한 순종으로 이어진다는 사실을 살펴보았다. 그런데 동일한 본문에서 예수님은 자신의 **말씀**을 거하는 것과 연관시키신다. "너희가 내 안에 거하고 내 말이 너희 안에 거하면 무엇이든지 원하는 대로 구하라 그리하면 이루리라"(요 15:7).

그리스도의 말씀이 그분의 인격과 동일한 뜻으로 사용되는 것에 주목하라. 우리가 그리스도를 붙드는 동시에 그분의 말씀이 우리를 붙드신다. 우리가 그리스도 안에, 그리스도가 우리 안에 거하는 상호 내주는 단지 순종으로 이어지는 데 그치지 않는다. 그것은 우리의 생각과 마음 안에 "예수님의 가르침을 받아들여 점점 더 우리 자신의 것으로 만들어가도록 이끌어준다."[97]

성경 말씀을 지나치게 중요시한다고 비아냥거리는 몇몇 교회지도자들과 학자들이 있다. 매우 안타까운 일이다. 그들의 날카로운 지적은 대체로 이런 식이다. "우리가 예배하는 것은 예수 그리스도지 책에 적힌 글자가 아니다." 종이 위의 활자에 머리를 조아리겠다는 것이

---

97. Andreas J. Kőstenberger, *John*(Grand Rapids, MI: Baker Academic, 2004), p. 455.

아니다. 하지만 성경 말씀을 중요시하는 것이 어떤 식으로든 그리스도와의 깊은 교제와 대립한다고 생각하면 안 된다. 요한일서에 되풀이되는 주제 중 하나는 사도들이 심어준 진리의 말씀이 우리 안에 거할 때 우리가 그리스도 안에 거한다는 사실이다.

예수님이 하나님의 아들이라는 것을 시인해야만 하나님이 우리 안에 거하신다(요일 4:15). 아들에 관한 진리가 없는 자에게는 생명이 없다(요일 2:23, 5:12). 참으로 하나님께 속한 자들은 하나님의 말씀을 전하는 사도들의 말을 듣는다(요일 4:6). 교리는 그리스도와 별개가 아니다. 오히려 그리스도에 대한 진리, 그리스도가 전해주신 진리 없이는 그리스도와의 교제가 불가능하다. 우리는 진리로 거룩하게 되며 하나님의 말씀은 진리다(요 17:17).

(3) 그리스도인들과의 친교를 통해 그리스도와의 교제를 추구한다

교회는 그리스도의 몸이다. 따라서 그리스도와 교제하면서 지체된 그리스도인들과 교제하지 않는 것은 불가능하다. 하나님 안에서의 사귐은 그리스도와의 교제를 나타내는 하나의 표시다.

요한은 이렇게 말한다. "우리가 보고 들은 바를 너희에게도 전함은 너희로 우리와 사귐이 있게 하려 함이니 우리의 사귐은 아버지와 그의 아들 예수 그리스도와 더불어 누림이라"(요일 1:3). 정말 놀라운 진술이다.

당신의 교회가 아무리 모자라고 하찮게 보인다 할지라도 그 공동체 안에서의 사귐은 다름 아닌 하나님과의 사귐이다.[98] 그리스도와의 교제를 진지하게 추구하는 사람은 다른 그리스도인들과 친교를 나누는 데도 열심이다(행 2:42; 히 10:24-25). 10년 넘게 목회 사역을 하면서, 나는 교회와 따로 떨어져 지내면서 더 건강하고 성숙해지고 더 적극적으로 사역에 헌신하는 그리스도인을 단 한 명도 만나본 적이 없다. 그리고 그 반대의 경우는 예외 없이 사실이라는 것을 발견할 수 있었다. 공동체에서 가장 멀리 떨어져 있는 사람들은 가장 나약한 그리스도인들이다. 또한 당신이 공동체와 멀어지면 멀어질수록 당신을 따르는 사람들도 공동체로부터 점점 떨어져 나가게 될 것이다. 교회 없이 신앙생활 하겠다는 것은 스스로 자기 발에 총을 쏘고 그 다음 자기 자녀들에게, 더 나아가 손자손녀들의 심장에 총을 쏘는 것과 같다.

(4) 성만찬에 참여하여 그리스도와의 교제를 추구한다

그리스도와의 교제에 기도와 말씀과 친교가 빠질 수 없다. 그리스도인의 삶에서 가장 기본적으로 떠오르는 게 이런 것들이기 때문이다. 하지만 성만찬을 목록에 넣은 것에 대해서는 의아해하거나 심지어

---

98. 존 오웬은 그의 방대한 저작 *Communion with the Triune God*(89-90쪽) 서두에서 요한일서 1장 3절에 대해 언급한다. "당시 성도들이 처한 상태와 겉모양은 매우 보잘것없었고, 조롱을 받던 상황이었다. 게다가 그들의 지도자들은 세상의 더러운 것과 만물의 찌끼같이 여겨지던 상황이었다. 이런 상황들을 감안할 때 그들과 같이 교제하고, 그들이 누리던 값진 것에 함께 참예하도록 외부 사람들을 초청하는 일은 많은 반론과 이견에 부딪힐 수밖에 없었을 것으로 보인다. '그들과 교제하는 것이 무슨 유익이 있단 말인가? 환란과 비난과 조롱, 게다가 온갖 나쁜 일에 휘말리기밖에 더하겠는가?' 이런 반대들을 방지하고 차단하기 위해 사도요한은 편지의 수신자인 성도들에게 각인시키고 있다. ……육적인 시각에서 그들이 나누는 교제가 온갖 불이익을 당할 수밖에 없는 상황이었다. 하지만 실상은 그 교제가 너무도 고귀하고 영광스럽고 사모할 만한 것이었다. 왜냐하면 '우리의 사귐은 아버지와 그의 아들 예수 그리스도와 더불어 누림'이기 때문이다."

우려를 내비치는 사람이 있을지 모르겠다. 그러면 안 된다. 어찌 되었건 우리가 성례전이나 성찬식을 가리켜 "교제"라고 부르지 않는가? 바울은 "우리가 축복하는 바 축복의 잔"은 "그리스도의 피에 참여함"이요 "우리가 떼는 떡"은 "그리스도의 몸에 참여함"이라고 말했다(고전 10:16). 여기서의 "참여"(participation)란 단어는 우리가 잘 알고 있는 헬라어 '코이노니아'(koinonia)다.

성경 말씀에 따르면, 믿음으로 주의 식탁에 참여하는 자는 그리스도와 '코이노니아'를 누리게 된다. 즉 그리스도와 사귀고 그분의 몸과 피에 참여한다는 말이다.

성만찬은 복음이 눈에 보이도록 상기시킬 뿐 아니라 그리스도가 주인이자 대접할 음식으로 친히 참여하시는 영적 향연이다. 비록 몸으로 그 자리에 함께 계시지 않지만 그리스도의 임재는 실제다. 주의 식탁에서 친히 우리를 먹이시고, 힘 주시고, 우리를 향한 사랑을 확증하시는 분은 그리스도다. 성만찬을 통해 우리는 그 자리에 계시지 않은 그리스도를 축하하는 것이 아니라 살아 계셔서 친히 함께하시는 그리스도와의 교제를 누린다.

리처드 백스터의 말과 같다. "예수 그리스도를 통해 하나님은 인간에게 가장 가까이 다가오신다. 그리고 성찬식을 통해 그리스도는 우리에게 가장 친밀하게 자신을 드러내신다."[99]

---

99. "The Puritan Idea of Communion with God" 116쪽에서 J. I. Packer가 인용한 것임.

평범하게 얻어지는 특별한 거룩

솔직히 하나님과의 교제는 많은 사람들의 우선순위가 아니다. 기껏해야 비현실적인 말 정도로 치부되거나 최악의 경우 전혀 상관없는 말로 듣기도 한다. 그러면서 하나님과 사귈 수 있다는 사실에 전혀 놀라지 않고 오히려 당연하게 여긴다. 하나님이 모든 사람과 함께 계시고 만사 제쳐 놓고 우리와 함께 계시길 좋아하신다고 감히 생각하면서 말이다. 하지만 이 두 가지 생각은 사실이 아니다. 하나님이 어디에나 계신 것은 맞지만, 언약적 의미로 함께 계시는 것은 오직 하나님의 아들을 믿는 자들뿐이다. 하나님과의 교제는 오직 그리스도와의 연합으로만 가능하다. 이 얼마나 놀라운 가능성인가! 에덴 동산에서의 목적이 하나님과의 끊임없는 교제였다면, 그 이래로 이어진 우리의 유일한 목표는 하나님과의 교제를 회복하는 것이다. 또한 구속사의 마지막 지향점은 하나님과의 영원한 교제다. J. I. 패커의 말처럼 하나님과 인간의 교제는 "창조와 구속을 통해 도달하려는 궁극적 지향점이요, 신학과 설교로 끊임없이 지향해야 하는 목표다. 그것은 참된 종교의 본질이며 기독교 그 자체다."[100]

죄인인 우리가 죄 없으신 하나님과 사귈 수 있다는 것은 놀라운 일이다. 하나님이 죄 없으신 자기 아들을 우리 대신 죄로 삼으셔서 우리를 자기와 화목하게 하신 것은 훨씬 더 놀라운 일이다(고후 5:21). 나아가

---

100. Ibid., pp. 104-105 참고. 거기서 J. I. 패커는 하나님과의 교제를 뒷전으로 밀어놓은 현대 기독교의 우를 날카롭게 지적하고 있다. 여기에 적힌 내 생각은 그의 영향을 받은 것이다.

우리가 다 수건을 벗은 얼굴로 그리스도의 얼굴에 비친 하나님의 영광을 보고 그와 같은 형상으로 변화하여 영광에서 영광에 이를 수 있다는 사실은 참으로 자격 없는 자에게 주신 또 하나의 축복이 아닐 수 없다(고후 3:18).

이와 같이 당신은 하나님을 알 수 있고 하나님과 교제할 수 있다. 당신이 생각하는 것 이상으로 더 거룩해질 수 있다. 게다가 그 과정은 당신이 상상하는 것보다 평범하다. 그리스도와의 교제를 위해 내가 제안한 네 가지 지침을 알고 난 후 당신이 완전히 실망했다 해도 나는 미안하지 않다. 아무리 따분하고 구식처럼 들려도 사실은 사실이기 때문이다. 예수님과 친밀해지는 길은 기도하고, 성경 읽고, 유익한 설교와 풍성한 친교의 축복을 누리고, 성찬에 참여할 수 있는 교회에 다니는 것이다. 나는 결국 기독교가 몇 가지 요구 사항을 지키는 것으로 압축될 수 있다는 말을 하는 게 아니다. 그런 뜻과 전혀 상관이 없다. 그리스도를 닮기 원한다면 그리스도와의 교제를 누려야 하고, 그리스도와의 교제를 원한다면 그분이 제공하시는 은혜의 통로로 그의 방식을 따라야 한다는 것이 내가 주장하는 바다. 그 말은 곧 평범한 수단들을 통해 특별한 거룩함에 이를 수 있다는 뜻이다.

성경공부를
위한 질문들

| 9장 | 거하고 순종하라

1. 그리스도 안에 거하는 삶을 바라보는 당신의 시각에 그리스도와의 교제와 그분에 대한 순종이 포함되어 있는가? 그 각각은 당신의 실제 삶에 어떤 지침을 제공하는가?

2. 현재 당신의 삶 속에 그리스도와의 교제를 방해하는 죄가 존재하는가? 이 죄와의 싸움에서 기도와 말씀, 친교와 성만찬에 참여하는 것 등이 어떻게 도움이 되는가?

3. 당신은 하나님이 주신 은혜의 통로(기도, 성경읽기, 교회, 성만찬 등)를 과소평가한 적이 없는가?

THE H●LE IN ●UR H●LINESS

10 / 너의 성숙함을 모든 사람에게 나타내라

내가 디모데전서 4장 15절을 발견한 것은 여러 해 전, 목사안수를 받은 지 얼마 되지 않았을 때다. 그 말씀은 큰 위안이 되는 동시에 약간의 낙담을 안겨주었다. 그 구절을 읽은 것은 그때가 처음이 아니지만, 그때 처음으로 하나님이 내 눈을 밝히셔서 내 삶과 사역을 향한 그 말씀의 뜻을 보게 하셨다.

대부분의 목회자들이 "네가 네 자신과 가르침을 살펴"(딤전 4:16)라는 말씀을 익히 알고 있다. 우리 삶과 우리가 믿는 교리를 살피라는 이 말씀은 우리 사역에 대한 청사진과 같다. 내 경우 16절 말씀은 당연히 알고 있지만 15절에는 별로 주의를 기울이지 못했었다. "이 모든 일에 전심전력하여 너의 성숙함을 모든 사람에게 나타나게 하라" 내 눈을 사로잡은 것은 마지막 부분의 성숙함에 대한 말씀이다. 앞선 디모데전서 3장에서 바울은 감독과 집사가 되기 위해 갖추어야 할, 기준이 높아 보이는 조건들을 상세히 설명하고 있다. 그 다음 4장으로 와서 젊은 디모데를 향해 "말과 행실과 사랑과 믿음과 정절에 있어서 믿는 자에게 본이 되어"라고 말한다(딤전 4:12). 무리한 요구라고 느껴지는가? "디모데야, 네가 이제 막 신학교를 졸업했다는 걸 알아. 하지만 나는 네가 인생의 거의 모든 영역에서 본이 되는 사람이 되면 좋겠어. 알겠니?" 하며 언뜻 겁주는 말 같기도 하다. 그런데 그 다음 15절에서 성숙함에 대한 이 말씀이 나온다. "본이 돼라"는 바울의 말이 "처음부터 모든 것을 제대로 하라"는 의미는 아니다.

이 말씀을 용기를 주거나 낙담을 주는 구절로 받아들일 수 있다. 내가 느낀 낙담은 지금으로부터 5년 후 사람들이 성숙함과 능력과 경건함에서 부족했던 예전의 내 모습을 떠올리면 어쩌나 하는 생각에서 비롯되었다. 또한 시간이 흐른 뒤 지금의 나를 돌아보며 더 이상 동일한 내가 아닌 것을 기뻐하는 상상은 썩 유쾌하지 않았다.

하지만 15절 말씀은 대체로 내게 격려가 되었다. 비록 내가 온전히 이루지 못했지만 장로의 자격을 갖출 수 있고 또 삶으로 본을 보일 수 있음을 말해주기 때문이다. 나는 성장하고 성숙할 수 있고, 지금보다 더 거룩해질 수 있다. 나의 행동과 내가 전하는 말씀 모두 지금보다 나아질 수 있다. 성숙해가는 것은 하나님이 나에게 기대하시고 **허락하시는** 것이다.

이것을 깨달을 때 우리는 거룩함에 대한 중요한 교훈 하나를 발견하게 된다. 성화에서는 현재 어느 자리에 있느냐보다 어디로 향하느냐가 더 중요하다는 사실이다. 현재의 위치보다는 방향이 더 중요하고, 현재의 상태보다 앞으로 나아질 모습이 더 중요하다. 그러니 기운 내라. 현재 당신이 바라는 만큼 거룩하지 않더라도 당신이 옳은 방향으로 향하는 한, 하나님은 여전히 당신을 보며 기뻐하실 것이다. 동시에 정신을 바짝 차려라. 지금 만약 예전만큼 거룩하지 않고 지난 몇 달간 당신이 계속 거룩함을 포기했다면, 하나님은 지난날 당신이 거둔 승리에 감동 받지 않으실 것이다.

서둘러 덧붙여야 할 말이 있다. 거룩함을 추구하는 과정에서 당신이 얼마나 성숙했는지 평가하는 것은 말보다 실제가 더 어렵다. 무엇보다 당신의 영적 온도를 매일 측정하지 마라. 몇 개월, 몇 년에 걸친 성숙도를 측정해야지 몇 분, 몇 시간 단위로 측정하는 것은 좋지 않다. 데이비드 포울리슨의 말처럼, 성화란 마치 사람이 요요를 하면서 계단을 올라가는 것과 같다. 수없이 오르내리는 기복을 경험하지만, 그럼에도 궁극적인 성숙함으로 나아가는 것이다. 그러므로 수요일보다 화요일에 좀 더 경건했던 것을 고민하면서 당신 자신을 얽매지 마라. 지난 5개월 동안 당신이 걸어온 길을 돌아보라. 아니 지난 5년간을 검토하면 더 좋겠다. 다른 사람들을 판단할 때도 마찬가지다. 그들이 얼마나 멀리 왔는지, 어느 방향으로 향하는지 잘 모르면서 다른 사람의 영적인 성숙도를 성급하게 비판하지 마라.

이어서 기억해야 할 점이 있다. 영적 온도계가 제3자에게 넘겨지는 것을 두려워하지 말기 바란다. 15절 말씀에는 다른 그리스도인들이 우리의 성숙함을 알아볼 거라는 전제가 깔려 있다.

사실 우리 자신의 영적 건강을 평가하는 데 있어서는 정직하고 분별력 있는 친구가 우리 자신보다 더 정확할 때가 많다. 당신이 오늘의 실패에 집중하는 동안 그들은 당신이 나아가는 길을 전반적으로 바라볼 수 있다. 잊지 말아야 할 것은 하나님과 가까워질수록 자신 안의 경건하지 못한 모습을 더 많이 깨닫게 된다는 것이다. 이것은 거의 모든 성자들이 하나같이 증언하는 바다. 거룩해질수록 자신이 더 거룩하지 않다고 느낀다. 즉 당신의 삶 속에서 죄를 더 깊이 자각하게 되었다면 그것은 대개 성령께서 은혜의 손길을 거두신 것이 아니라 당신을 거룩하게 하시기 위해 일하고 계신다는 표시다. 한마디로 당신 자신의 성화를 바라볼 때 스스로의 말을 믿는 것은 최선이 아니다. 그러므로 당신이 정말로 자라고 있는지 아내에게, 룸메이트에게, 아버지께, 목사님께, 가장 친한 친구에게 물어보라.

생명에 이르는 길, 회개

두 발 앞으로 갔다 한 발 뒤로 물러서는, 성장과 정체, 승리와 패배가 반복되는 성숙의 과정이 거룩함을 추구하는 필수 요소라면, 여기에 회개가 빠질 수 없을 것이다. 마틴 루터는 그의 95개 조항 첫머리에서 이렇게 말했다. "우리 왕이시며 주님이신 예수 그리스도는…… 신자들의 삶 전체가 회개가 되기를 바라셨다." 따라서 성화의 주된 특징은 완전함보다 참회에 더 가깝다. 물론 완전함이란 단어가 부정적으로 받아들여질 필요는 없다.

때때로 '완전한'(*teleios* 혹은 *teleioō*)으로 번역되는 헬라어는 본래 '자격을 갖춘', '성숙한', '온전히 준비된'(골 1:28, 4:12; 히 2:10; 약 1:4) 등의 의미를 갖는다. 그렇게 본다면 신자들은 완전해야 한다. 그러나 성경적으로 볼 때 이 말은 생각이나 행동에서 완전히 죄가 없음을 뜻하지 않는다. 로마서 7장을 어떻게 이해하든(내 생각에는 바울이 그리스도인으로서 자신이 죄와 싸워온 경험을 기술하는 것 같다), 최고로 믿음 좋은 사람조차 간혹 스스로 원하지 않는 일들을 하기도 하고 원하는 일들을 못할 수도 있다.

성경은 예수님 외에는 이 세상에 죄 없는 사람이 단 한 명도 없다고 분명하게 이야기한다(히 4:15). "범죄하지 아니하는 사람이 없사오니"(왕상 8:46). "선을 행하고 전혀 죄를 범하지 아니하는 의인은 세상에 없기 때문이로다"(전 7:20). "만일 우리가 죄가 없다고 말하면 스스로 속이고 또 진리가 우리 속에 있지 아니할 것이요"(요일 1:8). 이것이 엄연한 현실임을 감안한다면, 이 땅에서의 거룩함에는 반드시 회개가 따라야 한다.

거룩해지려고 애쓰는 사람일수록 종종 비판적이고 교만해지기 쉽기 때문에 더욱 그렇다. 개인적 거룩함에 푹 빠진 사람들은 모두(그것에 대한 책을 쓸 정도로 용감무쌍한 사람도 물론이다) 앤드류 머리의 말에 귀를 기울여야 한다. "가장 위험천만하고, 가장 미묘하면서도 음흉한 교만은 바로 스스로 거룩한 체하는 교만이다."[101]

겉으로 드러나게 말한다는 뜻이 아니다. 일부 그리스도인들의 마음 속에 남들보다 자신이 더 많이 성숙하다는 우월감이 자라나고 있다는 말이다. 자신의 자만심을 위해 거룩함을 추구하는 것은 얼마든지 가능하다. 처음에는 겸손하게 거룩함을 추구했지만 성공한 후 교만해지는 것 역시 가능하다. 예수님이 제자들에게 기도를 가르치시면서 죄를 사해달라고 간구하라 하신 이유가 있었다(마 6:12). 회개는 하나님의 거룩한 자녀가 생명에 이르는 길이다.

어째서 거룩함에 대한 책을 회개로 마무리하는지 납득이 안 될 수 있다. 약간은 나약하고 비관적으로 보일지도 모른다. 회복 중에 있는 알코올 중독자에게 다음번 숙취를 경험할 때 먹어야 할 약을 말해주는 것 같다고 할까. 그러나 회개가 거룩함의 표시가 아니라 죄를 용인하는 행동처럼 보이는 것은 우리가 회개를 너무 가볍고 얕게 여기기 때문이다. 속이 시원할 때까지 마음껏 죄짓고 몇 마디 잘못했다 중얼거린 후 다시 아무렇지 않게 살아가는 것과 자기 죄를 혐오하고 하나님께 부르짖으며 용서를 구한 다음 영적인 유턴을 경험하는 것은 완전히 차원이 다르다. 진정한 참회는 힘들고도 고통스럽다. 토머스 브룩스가 생생하게 표현한 대로 "회개는 영혼의 구토다."[102]

---

101. Andrew Murray, *Humility* (New Kensington, PA: Whitaker, 1982), p. 56(채대광 역, 『겸손』, 서울: 좋은씨앗, 2009).
102. Thomas Brooks, *Precious Remedies against Satan's Devices*, Edinburgh: Banner of Truth, 1997(1652), p. 63(서창원 외 역, 『사단의 책략 물리치기』, 서울: 엘맨, 2007).

잠깐만 구토하는 모습을 떠올려보라. 결코 유쾌하지 않을 것이다. 신체적으로 경험하는 것 중에 그보다 더 싫은 건 없는 것 같다.

나는 구토를 언제라도 의존할 수 있는 대안이나 해결책으로 사용하지 않는다. 나에게 구토는 독감에 걸렸거나, 편두통이 있거나, 패스트 푸드를 과식했을 때 나타나는 증상이다. 뭔가 잘못돼도 크게 잘못된 것이다.

참된 회개도 마찬가지다. 그것은 주말에, 아니 평생 동안 어리석은 잘못을 실컷 저지른 다음에 찾아내는 편리한 도피 수단이 아니다.

참된 회개란 구체적인 잘못을 인정하고, 그것이 하나님 앞에 얼마나 잘못된 것인지 깨닫고, 지금까지의 삶의 경로를 바꾸어 하나님께로 돌이키고, 그 실수를 범하지 않았다면 얼마나 좋았을까 진심으로 뉘우치는 것이다.

혹은 칼빈의 표현대로 "(회개는) 삶의 방향을 완전히 바꾸어 하나님을 향하는 것이며, 이때의 전환은 하나님을 향한 순전하고 진지한 경외함에서 비롯되어야 한다. 또한 회개는 우리의 육과 옛 사람을 죽이는 동시에 성령의 새롭게 하심을 통해 영이 살아나는 것이다."[103]

토하는 건 쉽지 않다. 회개 역시 마찬가지다. 하지만 그것의 열매는 토하는 것과 비교할 수 없을 만큼 달콤하다.

---

103. *Institutes* 3.3.5.

하나님의 뜻대로 하는 근심과 세상 근심

참된 회개의 본질을 이해하려면 고린도후서 7장 9-11절에서 바울이 말한 세상 근심과 하나님의 뜻대로 하는 근심 사이의 차이를 제대로 알아야 한다.

> [9] 내가 지금 기뻐함은 너희로 근심하게 한 까닭이 아니요 도리어 너희가 근심함으로 회개함에 이른 까닭이라 너희가 하나님의 뜻대로 근심하게 된 것은 우리에게서 아무 해도 받지 않게 하려 함이라 [10] 하나님의 뜻대로 하는 근심은 후회할 것이 없는 구원에 이르게 하는 회개를 이루는 것이요 세상 근심은 사망을 이루는 것이니라 [11] 보라 하나님의 뜻대로 하게 된 이 근심이 너희로 얼마나 간절하게 하며 얼마나 변증하게 하며 얼마나 분하게 하며 얼마나 두렵게 하며 얼마나 사모하게 하며 얼마나 열심 있게 하며 얼마나 벌하게 하였는가 너희가 그 일에 대하여 일체 너희 자신의 깨끗함을 나타내었느니라

단언컨대 근심하지 않는 사람은 아무도 없다. 내가 만난 사람 대부분, 심지어 그리스도인이 아닌 사람들조차 자기가 완벽하지 않다는 사실을 인정하는 데 주저함이 없었다.

사람들은 대개 자신이 하나님의 진노를 받아야 할 만큼 악하다고는 생각하지 않아도 살면서 잘못한 것이 있다는 정도는 시인한다. 과거에 저지른 몇 가지 일에 대해 후회한다는 말이다. 그게 바로 근심이다.

그런데 근심이라고 다 같은 게 아니다. 어떤 근심은 세상적인 근심이다. 대부분 뭔가 후회하는 것은 도덕적으로 중립적인 감정이라고 생각한다. 죄책감을 느끼는 데 옳고 그르다 할 이유가 없다. 그냥 그렇게 느끼는 것뿐이다.

사실 자기의 행동을 뉘우치기만 해도 무조건 훌륭하게 보는 경향마저 있다. "보기 좋게 망가졌는지 몰라도 지금은 내가 왜 그랬는지 진짜 후회하고 있어." 이렇게 최소한 자신의 행동을 뉘우치긴 한다고 스스로를 위로하면서 말이다.

성경에 의하면 세상적인 방식으로 후회하는 것이 가능하다는 것을 알 수 있다. 세상 근심이란 기회를 놓친 것이나 지금 겪고 있는 고통스러운 상황, 혹은 개인적으로 당한 난처한 일 등에 대해 유감스러운 감정을 표현하는 말이다.

우리는 주말에 술 마시고 월요일에 시험 망친 것을 후회한다. 카지노에서 도박으로 거액을 날려버린 것을 유감스러워 하고, 달갑지 않은 이메일을 엉뚱한 사람에게 전송한 후 경악한다. 세 경우 모두 마음에 가책을 느낀다 해도 거기에는 어떤 영적 의미도 들어 있지 않을 가능성이 크다. 그저 들킨 것, 스스로 손해본 것, 아님 그저 바보같이 보인 것이 유감스러울 수 있다.

알다시피 세상 근심은 전혀 유익하지 않으며 사망을 이루기까지 한다(고후 7:10). 세상 근심으로는 우리가 하나님께 잘못했다는 것을 깨달을 수 없으므로, 하나님 앞에서 우리 자신의 죄를 다룰 기회가 주어지지 않는다.

우리가 위를 향하여 회개하지 않으면 하나님으로부터 오는 용서를 얻지 못하게 되고, 그것 없이는 영적인 죽음에 이르고 만다. 세상 근심이 다루는 것은 증상이지 질병이 아니다. 그것은 마음에 쓴 뿌리와 절망, 침체를 불러일으킨다. 왜냐하면 (언제든지 용서받을 수 있는) 자신의 죄를 후회하는 것이 아니라 (결코 바뀔 수 없는) 이미 지나간 일에 초점이 맞춰져 있기 때문이다.

아이러니하게 들리겠지만 "나 자신을 용서하지 못하겠어."라는 말은 그 자체로 세상 근심이라는 증거가 될 수 있다. 왜냐하면 그 말은 곧 하나님의 약속과 그리스도가 십자가에서 이루신 구속의 완전함에 대한 불신, 혹은 자기 체면이 상하고 기회를 놓친 것에만 주목하는 후회, 둘 중 하나에서 비롯된 것이기 때문이다.

그러나 하나님의 뜻대로 하는 근심은 다르다. 하이델베르크 교리문답에 따르면, 하나님의 뜻대로 하는 근심이란 "진정으로 죄를 뉘우치고, 죄를 점점 더 미워하여 죄에서 완전히 떠나는 것이다"(Q/A 89).

성경에 나오는 탕자의 비유를 생각해보자. 그는 자기 삶을 엉망으로 만들었을 뿐 아니라, 자기를 가장 사랑하고 자기에게 모든 것을 주신 아버지께 죄를 범했다는 사실을 깨달았다. 이것이 우리에게 본보기가 된다.

우리는 그저 들켜서 유감이고, 결과를 감수해야 해서 슬프고, 몇몇 사람이 우리를 보는 견해가 몇 등급 아래로 내려간 것이 안타까운 경우가 많다. 그러나 하나님의 뜻대로 하는 근심은 부모든, 학교든, 정부든, 친구든, 교회든 비난하는 법이 없다.

하나님의 뜻대로 하는 근심은 이렇게 말한다. "하나님이여 주의 인자를 따라 내게 은혜를 베푸시며 주의 많은 긍휼을 따라 내 죄악을 지워 주소서 나의 죄악을 말갛게 씻으시며 나의 죄를 깨끗이 제하소서"(시 51:1-2).

하나님의 뜻대로 하는 근심은 죄가 죄라는 이유만으로 얼마나 악한지 인식하고 죄를 철저히 미워한다.

고린도교회 성도들은 사도바울에 대한 이런저런 비난에 자신들이 연루됐다는 사실에 분개했다(고후 7:11). 그들은 오명을 씻고 잘못된 것을 바로잡기 원했으며, 그들 스스로 범한 잘못에 투철하게 저항했다. 또한 그들의 근심은 회개로 이어졌는데(9절), 이것은 뭔가에 가책을 느끼는 걸 회개라고 할 수는 없지만 그것을 통해 회개에 이를 수 있음을 보여준다.

'후회'와 '회개'에는 무한한 차이가 존재한다. 후회가 과거의 죄에 가책을 느끼는 것이라면, 회개는 과거의 죄로부터 돌아서는 것이다. 후회가 우리 자신의 상황을 바라보는 것이라면, 회개는 하나님을 바라본다.

우리 대부분은 후회하는 것으로 만족한다. 그저 잠깐 기분이 상해서 실컷 울고 카타르시스를 경험한 다음 '왜 그랬을까?' 자책하며 스스로 얼마나 뉘우치고 있는지 이야기하는 게 끝이다. 결코 자신을 바꾸려

하지 않으며 하나님과 대면하려고도 하지 않는다.

하나님의 뜻대로 하는 근심은 실제적인 효력과 열매로 이끄는 감정이다. 성령은 그러한 근심을 사용하셔서 우리를 구체적인 행동으로 이끄시고, 선한 일에 열심을 내게 하시며, 죄에서 떠나 그 반대 방향으로 걷도록 우리를 도우신다.

반면 세상 근심은 나태하고 정체되게 하며 자기 연민과 아무 소용없는 후회 속에 빠져 헤어나오지 못하게 한다. 변화도, 성장도 없고 육체의 행실을 거스르는 싸움도 없다. 그저 잘못한 것을 계속 되씹으면서 사람들이 어떻게 생각할까 하는 두려움에 사로잡혀 후회만 하는 것이다.

가책은 누구나 느낄 수 있다. 가책과 변화는 완전 별개의 일이다. 성경이 말하는 참된 회개는 애초에 죄를 짓지 않는 것 못지않게 은혜 없이 불가능하다. 죄짓는 것은 인간의 일이지만 변화되고 성장하게 하는 것은 하나님의 일이다.

멋진 그리스도인으로 성장하기

대학생 때 나는 한 그리스도인 선배와 목사가 되려는 계획에 관해 이야기를 나누었다. 그리고 대화중에 그는 잊지 못할 한 문장을 인용했다. 바로 29세의 나이로 요절한 19세기 스코틀랜드 목사, 로버트 머리 맥체인(Robert Murray M'Cheyne)의 말이었다. 아마도 그동안 내가 성경 구절 외에 가장 많이 인용한 문장일 것이다. "우리 성도들에게 가장 절실한 것은 바로 나 자신의 거룩함이다."

물론 나는 복음이 거룩함보다 더 중요하다고 생각한다. 그리스도의 죽음과 부활에 대한 복음은 그것을 전하는 사람이 아무리 형편없다 해도 언제나 선하기 때문이다. 따라서 맥체인은 "두 번째로 절실한 것"이라고 했어야 옳을지 모른다. 하지만 거룩함의 중요성에 대한 그의 말은 절대적으로 옳다. 그는 우리가 인격의 문제를 결코 피할 수 없다는 것을 이해했다.

우리는 '적실성'(relevance)과 '관계 맺는 능력'(relate-ability)이 영적 성공의 비결이라고 생각한다. 하지만 죽어가는 누군가에게 요구되는 것은 세상과 함께 있어주는 것이 아니라 하나님과 함께 거하는 것이다.

이것은 목회자인 나뿐 아니라 부모님, 형제, 자매, 자녀, 조부모, 친구, 성경공부 리더, 컴퓨터 프로그래머, 은행원, 바리스타, 최고 경영인 등으로 살아가는 당신에게도 해당된다. 친구들과 가족, 동료와 자녀들이 당신에게 요구하는 것은 기적을 행하거나 문명을 바꾸어 놓는 것이 아니다. 그들은 당신이 거룩해지기를 바란다. 호라티우스 보나르(스코틀랜드 목사이자 맥체인의 친구)가 우리에게 상기시키듯, 거룩함은 "한 번의 위대한 행동이나 대단한 순교로" 평가되지 않는다. "작고 사소한 일들이 위대한 삶을 이룬다."[104]

---

104. Horatius Bonar, *God's Way of Holiness* (Lexington, KY: Legacy Publication), pp. 82-83(이태복 역, 『거룩한 길로 나아가라』, 서울: 지평서원, 2002). 다음 문단은 "작고 사소한 일들" 속에 구현되는 거룩함에 대해 보나르가 기술한 내용을 추가로 요약한 것이다.

거룩함은 무수히 작고 하찮은 일들의 총합이다. 즉 사소한 잘못이나 결점들도 멀리하는 것, 조금의 세속화나 타협도 허용하지 않는 것, 약간의 모순된 행동이나 경솔함도 뿌리 뽑는 것, 하찮은 의무나 사소한 관계에도 마음을 쓰는 것, 사소한 자기부인이나 절제를 위한 수고를 마다하지 않는 것, 작은 호의와 인내의 마음을 키우는 것처럼 말이다. 그렇다면 당신은 신뢰할 만한 사람인가? 친절한가? 오래 참는가? 항상 기뻐하는가? 사랑이 있는가? 이러한 품성들이 삶에 일어나는 작고 사소한 일들 속에서 어떻게 구현되느냐에 따라 당신이 주변의 모든 사람에게 해가 되는 존재인지 축복된 존재인지가 결정된다. 영적인 눈으로 볼 때 추하고 거슬리는 존재인지, 혹은 잘생기고 멋진 그리스도인으로 자라나고 있는지 말이다.

세상은 외적 아름다움에 집착한다. 케이블 뉴스든 날씨 채널이든 세상 사람들이 기대하는 미의 기준이 존재한다. 우리는 외모가 훌륭하지 않으면 별 볼 일 없는 사람이라는 메시지에 둘러싸여 있다. 때문에 너도나도 외모를 가꾸는 데 열을 올린다.

화장을 하는 열 살짜리 소녀들부터 아이러니한 복장을 선호하는 대학생들, 체중조절에 재돌입한 전업주부들, 헬스클럽과 친해지려고 애쓰는 중년의 남편들, 보톡스를 맞는 노년의 베이비붐 세대까지 예외가 없다.

그런데 과연 참된 아름다움이란 무엇인가? 진정으로 바라볼 가치가 있는 것은 무엇인가? 정말로 본받을 만한 모습을 지닌 사람은 누구인가?

바울은 말한다. "형제들아 너희는 함께 나를 본받으라 그리고 너희가 우리를 본받은 것처럼 그와 같이 행하는 자들을 눈여겨보라"(빌 3:17). 하나님이 찾으시는 것은 경건이다. 하나님 눈에 가장 잘생기고 멋진 그리스도인은 성령으로 말미암아 그리스도를 닮아가는 사람이다.

거룩함을 오만한 자선가 행세나 고상한 척하는 도덕주의, 혹은 추한 율법주의 정도로 여기는 생각이 만연해 있다. 하지만 이러한 다양한 '주의'(主義)들은 우리의 죄와 의심, 그리고 사탄의 거짓말에서 비롯된 불행하고도 부끄러운 자화상이다. 참된 거룩함은 "인간의 내면에서 발견될 수 있는 가장 아름다운 장식품이요, 최고로 화려한 아름다움이다."[105]

그러므로 그리스도 안에 있는 참된 거룩함을 바라보라. 그리고 그로 말미암아 그와 같은 형상으로 변화하여 영광에서 영광에 이르라(고후 3:18).

하나님은 당신이 거룩해지기를 바라신다. 또한 믿음으로 말미암아 하나님은 이미 당신을 그리스도 안에서 거룩한 자로 여기신다. 이제 하나님은 당신을 그리스도와 함께한 거룩한 자로 삼기를 원하신다. 이것은 해도 그만, 안 해도 그만인 선택사항이 아니다.

---

105. Wilhelmus A Brakel, *The Christian's Reasonable Service*, trans. Bartel Elshout, ed. Joel R. Beeke, 4vols. (Grand Rapids, MI: Reformation Heritage Books, 1994), p. 3:17.

하나님이 당신을 구원하신 까닭은 당신을 거룩하게 하시기 위해서다. 하나님이 주름을 펴고 잡티를 없애주는 미용 사업에 뛰어드신 것이다.

그분은 흠도 티도 없는 신부를 맞이하실 것이다. 그러기 위해 당신 안에서 역사하신다 약속하셨고, 더불어 당신이 힘써 노력할 것을 요구하신다.

"거룩함 속의 아름다움"은 그 무엇보다 먼저 여호와 하나님께 속한 것이다(시 29:2). 그러나 그분이 주신 은혜로 말미암아 당신 역시 그 아름다움의 주인이 될 수 있다.

**성경공부를
위한 질문들**

| 10장 | 너의 성숙함을 모든 사람에게 나타내라

1. 믿음 안에서 당신이 존경하는 그리스도인들은 누구인가? 그리고 그들의 삶을 구분 짓는 특징들은 무엇인가?

2. 당신과 가장 가까운 사람들(배우자, 자녀, 친구, 직장동료, 부모님 등)은 지난 한 해 동안 당신이 그리스도 안에서 성장했다고 이야기하는가? 그들에게 물어보라. 그들은 당신이 어떤 점에서 성장했다고 생각하는가?

3. 작년 한 해를 돌아보라. 단지 후회만 한 것은 언제였고, 참된 회개의 순간은 언제였는가? 후회만 하던 순간에 회개로 나아가지 못하도록 방해한 것은 무엇인가?

사명선언문

너희가 흠이 없고 순전하여······세상에서 그들 가운데 빛들로
나타내며 생명의 말씀을 밝혀 _ 빌 2:15-16

1. 생명을 담겠습니다
만드는 책에 주님 주신 생명을 담겠습니다.
그 책으로 복음을 선포하겠습니다.

2. 말씀을 밝히겠습니다
생명의 근본은 말씀입니다.
말씀을 밝혀 성도와 교회의 성장을 돕겠습니다.

3. 빛이 되겠습니다
시대와 영혼의 어두움을 밝혀 주님 앞으로 이끄는
빛이 되는 책을 만들겠습니다.

4. 순전히 행하겠습니다
책을 만들고 전하는 일과 경영하는 일에 부끄러움이 없는
정직함으로 행하겠습니다.

5. 끝까지 전파하겠습니다
모든 사람에게, 땅 끝까지, 주님 오시는 그날까지
복음을 전하는 사명을 다하겠습니다.

서점 안내

광화문점 서울시 종로구 새문안로 69 구세군회관 1층
02)737-2288 / 02)737-4623(F)

강남점 서울시 서초구 신반포로 177 반포쇼핑타운 3동 2층
02)595-1211 / 02)595-3549(F)

구로점 서울시 동작구 시흥대로 602, 3층 302호
02)858-8744 / 02)838-0653(F)

노원점 서울시 노원구 동일로 1366 삼봉빌딩 지하 1층
02)938-7979 / 02)3391-6169(F)

분당점 경기도 성남시 분당구 황새울로 315 대현빌딩 3층
031)707-5566 / 031)707-4999(F)

일산점 경기도 고양시 일산서구 중앙로 1391 레이크타운 지하 1층
031)916-8787 / 031)916-8788(F)

의정부점 경기도 의정부시 청사로47번길 12 성산타워 3층
031)845-0600 / 031)852-6930(F)

인터넷서점 www.lifebook.co.kr